특허와 인공지능

인공지능총서

인공지능 시대입니다. 기계가 인간의 인지를 대신하고, 사물이 인간을 통하지 않고 다른 사물과 직접 커뮤니케이션합니다. 이에 따른 인간 삶과 문명 변화를 정확히 이해·예측·대응하는 것은 이 시대 우리 모두의 과제입니다. 인공지능총서는 인공지능 기술과 환경의 여러 주제를 10가지 키워드로 정리합니다. 관련 개념과 이론, 학계와 산업계의 쟁점, 우리 일상의 변화를 다룹니다. 인간과 기술의 현재, 미래를 세심히 분석합니다.

일러두기

- 인명, 작품명, 저서명, 개념어 등은 한글과 함께 괄호 안에 해당 국가의 원어를 병기했습니다.
- 외래어 표기는 현행 어문규정의 외래어표기법을 따랐습니다.
- 지식재산권 및 법률 분야에서 널리 쓰이는 전문용어는 모두 붙여 썼습니다(권리관계, 권리능력, 부정경쟁, 불법행위, 손해배상, 심사기준, 영업비밀, 우선심사, 지식재산, 지식재산권, 직무발명 등).

처음이세요?

전문가세요?

특허와 인공지능

조성광

대한민국, 서울, 커뮤니케이션북스, 2025

특허와 인공지능

지은이 조성광
펴낸이 박영률

초판 1쇄 펴낸날 2025년 6월 12일

커뮤니케이션북스(주)
출판 등록 2007년 8월 17일 제313-2007-000166호
02880 서울시 성북구 성북로 5-11
전화(02) 7474 001, 팩스(02) 736 5047
commbooks@commbooks.com
www.commbooks.com

ISBN 979-11-430-0261-7 03500

책값은 뒤표지에 표시되어 있습니다.

차례

인공지능 시대, 응답해야 할 질문들

인공지능(AI. Artificial Intelligence) 기술이 창의적 활동의 중심으로 진입하고 있다. 창작의 주체가 오직 인간으로 한정되던 전통적 상식은 현실 상황과 괴리되고 있으며, 인공지능이 인간을 보조하거나 대체해 새로운 창작물을 생산하는 장면이 일상이 되었다.

이러한 전환은 단순한 기술적 진보를 넘어, 인간의 창의성에서 비롯되는 지식재산권 체계 전반에 근본적인 질문을 던진다. 무엇이 '창작'인가? 누가 '창작자'인가? 인공지능 생성물에 대한 권리는 누구에게 귀속되는가? 기존의 법제는 이 물음들에 준비되어 있는가?

AI가 기존 창작물을 학습해 생성한 결과물의 저작물성과 저작권 귀속 문제, 그 생성 과정 및 결과에 따라 발생하는 저작권 침해 문제, AI가 학습하는 데이터베이스에 관한 권리관계, 생성형 AI에 의한 초상권 침해 등의 문제는 「저작권법」, 「개인정보보호법」, 「민법」 등의 법제 영역에서 깊이 있게 다뤄야 할 주제다. 또한, AI가 제안한 기술 설루션(solution)이 타사의 영업비밀을 침해하는 경우, 개인정보 등에 부정한 방법으로 접근하고 학습된 경우 등의 법적 책임 귀속 문집 · 선택 · 구성 등에 인간의 창작적 기여(편집적 창작)를 인정해 저작물이 될 수 있고, 이 경우 저작권은 프롬프트 입력자에게 귀속된다.

AI에 의한 저작권 침해

AI에 의한 저작권 침해는 훈련용 데이터 수집 단계, 중간 산출 및 모델 내 표현 구조, 최종 생성물의 표현이라는 세 가지 층위에서 이뤄질 수 있다.

가장 먼저, AI의 훈련에 사용되는 데이터세트를 복제하는 것은 그 출처에 따라 저작권 침해가 발생할 수 있다. 수많은 AI 모델은 웹상에 존재하는 이미지, 텍스트, 음악 등을 대량으로 수집해 학습에 활용하며, 이들 중 상당수가 저작권 보호 대상이다. 문제는 이들 데이터가 라이선스 없이 수집되거나, 출처가 명확하지 않은 경우가 대부분이라는 데 있다. 미국에서는 이와 관련된 소송이 이미 시작되었고, 유럽연합은 텍스트 · 데이터 마이닝(TDM, Text and Data Mining)을 허용하면서도 권리자가 명시적으로 거부할 수 있는 '옵트아웃(opt-out)' 권한을 부여하고 있다. 권리자의 통제권을 존중함으로써 AI

훈련의 정당성을 부여하고 효율성을 높이는 것이다.

둘째로, AI의 학습 결과로 이뤄진 내부 구조(벡터, 파라미터, 신경망 가중치 등의 형태)는 표면적으로 저작권 침해가 되지 않는 듯 보인다. 이는 직접적인 복제물이 아니라, 원저작물의 특징이 수치화되고 추상화된 데이터이기 때문이다. 그러나 AI 내부 구조가 원저작물의 창작적 요소를 내재한 상태로 유지되고, 이에 따라 특정 작가의 스타일과 표현 방식이 반복적으로 재현되면, 원저작물의 시장 가치가 잠식된다. 중간 산출물이 비가시적이더라도, 그것이 결과적으로 원작을 대체하거나 모방하는 수단으로 기능할 때에는 타인의 성과를 무단 이용한다는 관점에서 법적 책임을 검토할 수 있다.

셋째로, AI의 최종 생성물 단계에서는 전통적인 저작권 침해 판단이 적용된다. 즉, AI가 생성한 이미지나 텍스트가 기존 저작물의 창작적 표현과 유사한 경우 저작권 침해(복제권 침해)가 성립될 수 있다. 다만 그 생성물의 생성을 지시한 자와 AI 서비스 제공자 또는 개발자 중 누구에게 책임을 물어야 하는지는 여전히 논란이다.

한편, 2024년 중국 광저우 인터넷 법원은 생성형 인공지능이 〈울트라맨〉과 유사한 이미지를 도출함에 따라, AI 서비스 기업이 저작권 침해를 한 것으로 판단한 바 있다. 다만, 이 사건에서는 AI 서비스 기업이 저작권 침해에 기여했는지를 판단한 것이 아니라 이용자에 대한 저작권 침해 금지 고지 등의 의무를 다하지 않았던 것이 문제였다[중국은 「생성형인공지능서비스관리잠행방법」을 통해 AI 서비스 제공자에게 저작권 침해에 대한 기술적 예방 조치, 저작권 침해 발생 시의 신고 절차, 이용자에 대한 저작권 침해 금지 고지 등의 의무를 부담하도록 하고 있다. 이는 우리 「저작권법」의 온라인서비스제공자(OSP)의 책임 규정과 유사하다].

AI 학습을 공정 이용으로 볼 수는 없는가

공정 이용(Fair Use)은 저작물의 이용 목적과 성격, 원저작물의 성격, 이용된 분량, 시장에 미치는 영향 등을 종합해 판단한다. 교육·비영리 목적의 연구를 위한 AI 훈련은 공정 이용의 범주에 포함될 수 있지만, 상업적 플랫폼이 원저작물을 대량으로 학습하고, 그 결과를 통해 경쟁 시장에서 유사 제품을 제공하는 것은 공정 이용으로 보호받기 어렵다. 결국 AI에 의한 학습과 생성이 정당한가의 문제는, 단순한 기술적 중립성에 기대기보다는, 저작권자의 이익 보호와 사회적 기여의 균형이라는 규범적 원칙에 기초해야 한다.

AI 학습과 데이터베이스 제작자의 권리

데이터베이스는 소재를 체계적으로 배열 또는 구성한 편집물로서, 개별적으로 그 소재에 접근하거나 그 소재를 검색할 수 있도록 한 것을 말한다. 데이터베이스를 구성하는 각 소재는 저작물성이 없어 개별적으로는 보호받지 못하더라도, 데이터베이스 제작자는 그의 데이터베이스의 전부 또는 상당한 부분의 복제 등에 대한 배타적 권리를 갖는다.

데이터베이스 제작자가 갖는 권리(Sui Generis Right)는 창작성과는 관계없이 그 데이터베이스 제작에 인적 또는 물적으로 상당한 투자를 보호하는 권리다. 또한 보호받을 수 있는 데이터베이스로 인정되는 정보체계는 '상당한 투자나 노력으로 만들어진 성과'라 할 수 있어 「부정경쟁방지법」상으로 보호받을 수도 있다.

AI가 데이터베이스에서 반복적으로 정보를 추출해 학습하는 것은 이론적으로 명백히 데이터베이스 제작자의 권리를 침해하는 것이다. 그러나 외부에서 어떤 데이터를 어떻게 수집하고 가공했는지를 식별하기는 매우 어렵다.

데이터베이스 제작자의 권리 침해를 파악하는 일은 AI 생성물에 대해 외부로 드러난 창작적 표현을 대비할 수 있는 저작권 침해 판단이나, 기술 구성을 대비할 수 있는 특허권 침해 판단의 문제보다 더욱 어려울 수밖에 없다. AI의 산업적 가치는 데이터 학습에 의해 증폭될 것이므로, AI 학습 과정과 학습 데이터 출처 공개를 의무화하는 제도적 조치가 필요하다. 이에 2026년 1월부터 시행될 「인공지능기본법」에 관련 규정이 마련되었다(제34조 제1항 제2호).

AI 생성물에 의한 초상권 침해

초상권은 얼굴 기타 사회 통념상 특정인이라고 식별할 수 있는 신체적 특징이 함부로 촬영되어 공표되는 것을 방지함으로써 초상의 인격 가치를 보호하는 것을 내용으로 하는 인격권의 일부라 할 수 있다. 초상권은 "모든 국민은 인간으로서의 존엄과 가치를 가지며 행복을 추구할 권리를 가진다"라고 규정한 헌법 제10조의 정신을 반영해 보호받는다. 타인의 초상권을 침해하는 행위는 민법상 불법행위 책임으로 다뤄지고, 경우에 따라 형법상 명예 훼손죄가 성립하기도 한다.

생성형 AI는 특정인의 외형을 닮은 이미지나 영상을 생성할 수 있으며, 심지어 실재하지 않는 '가짜 사진(딥페이크)'이나 '합성 음성'을 만들기도 한다. 본인의 의사에 반해 얼굴, 목소리 등이 생성되고 사용될 경우, 이는 초상권(음성권) 침해로 간주될 수 있다.

AI가 직접 생성한 결과물이라 하더라도, 모델을 설계하거나 학습 데이터를 선택해 입력함으로써 그 결과물 생성에 기여한 자는 "촬영자"에 준하며, 그 결과물을 활용한 자는 "공표자"에 준하므로 초상권 침해에 대한 민·형사 책임을 물을 수 있을 것으로 보인다.

이때 AI 생성물과 피해자의 동일성, 피해자의 식별 가능성, 침해자의 고의·과실 여부, 피해자의 명시적 동의 유무 등이 법적 판단 요소가 될 것이다.

AI 이용 과정에서의 영업비밀 유출

영업비밀은 공지되어 있지 않고, 독립된 경제적 가치를 가지고 비밀로 관리된 기술상 또는 경영상의 정보를 말한다(「부정경쟁방지 및 영업비밀보호에 관한 법률」 제2조 제2호). 따라서 공지되었거나 비밀로 관리되지 않은 정보는 영업비밀로 인정되지 않고 보호를 받을 수도 없다.

기업 내부에서는 AI를 이용하는 과정에서 제품 설계도, 내부 공정, 소스 코드, 매뉴얼, 기술 보고서 등 영업비밀에 해당할 수 있는 정보를 무심코 입력하는 사례가 발생할 수 있다. 입력된 정보는 AI 모델의 학습 데이터로 전환되어, 외부에 유사한 출력 값으로 공개될 수 있다. 공개된 정보는 더 이상 영업비밀이 아니다. 더욱이, AI 서비스 제공자 측이 입력 데이터를 보관하거나 자체 모델 개선에 활용하는 구조를 가진 경우, 그 위험성이 가중된다.

"영업비밀 침해"가 되려면 절취, 기망, 협박, 그 밖의 부정한 수단으로 영업비밀을 취득하거나 그 취득한 영업비밀을 사용하거나 공개하는 행위 등이 있어야 한다. 따라서 AI가 기업의 영업비밀 자료를 입력받았다고 해서 영업비밀의 침해라고 하기는 어렵다. 그러나 영업비밀을 AI에 입력하여 공지 상태에 이르게 한 직원에게는 그에 따라 파생되는 회사의 손해에 대해 배상 책임이 따를 수 있다.

따라서 기업과 기업 구성원 모두를 위해 AI에 제공되는 프롬프트나 입력 값에 대한 로깅과 모니터링 시스템을 갖추고, 기업 외부와의 연결을 제한하는 폐쇄형 AI 시스템을 선택적으로 활용할 필요가 있다.

AI의 위법한 정보 접근과 관련 책임

누구든지 정당한 접근 권한 없이 또는 허용된 접근 권한을 넘어 정보 통신망에 침입해서는 아니 된다(「정보통신망법」 제48조 제1항). AI가 데이터를 수집・학습하는 과정에서 웹사이트에 명시된 로봇 배제 규정(REP, Robots Exclusion Protocol)을 무시하거나, 이용 약관에서 금지한 자동 수집 방식(크롤링)으로 정보를 수집하는 경우, 비공개 커뮤니티, 유료 서비스 페이지 등에 접근해 인증 이후 영역에서 정보를 추출하는 경우, 이 정보는 "정당한 권한 없이" 취득된 것으로 볼 수 있다.

크롤링된 데이터에 성명, 이메일 주소, 위치 정보, 사진 등 식별 가능한 개인정보가 포함되어 있다면, 이러한 정보를 AI 학습에 사용하는 것은 「개인정보보호법」 위반이 된다.

이 경우 AI 스스로 책임 주체가 될 수는 없지만, 그 개발자나 플랫폼 제공자 및 사용자는 단독 또는 공동으로 민・형사상 책임을 질 수 있다. 특히 AI가 공공 기관의 내부 자료, 비공개 커뮤니티, 또는 로그인 후에만 접근 가능한 데이터를 무단 수집해 학습한 경우, 침해의 고의성이 인정될 수 있으며, 이는 AI 기술의 사회적 신뢰성 문제로 확장될 수 있다.

따라서 AI 학습 데이터는 수집 경로의 적법성과 이용 목적에 대한 정당성이 확보되어야 하며, 기업과 개발자는 관련 법률에 따른 데이터 관리 기준을 철저히 준수할 필요가 있다. AI 시대의 기술적 진보는, 그 기초가 되는 데이터 활용의 합법성과 투명성에 의해 정당화된다.

이처럼 AI 기술은 저작권, 초상권, 영업비밀, 부정경쟁, 개인정보 보호 등 다양한 법 영역에서 새로운 법적 쟁점을 야기하고 있다. AI의 학습과 생성 과정이 단순히 기술적 중립성에 머무르지 않고, 법적 책임과 사회적 윤리의 문제로 확장되는 현실은 법 제도의 총체적 재구성을 요구한다. 하지만 이 모든 영역을 이 책에서 다루는 것은 비효율적이다.

이 책에서는 AI 기술이 현 제도와 가장 강한 충돌을 일으키고 있는 「특허법」 영역에 집중한다.

AI가 기술적 사상의 창작에 개입하거나 스스로 발명을 도출하는 현상은 기존 「특허법」의 발명자 개념, 특허요건, 권리 귀속, 침해 책임 등의 전통적 구조를 근본적으로 흔들고 있다. 이 책의 초점은 AI 발명이 「특허법」 체계 내에서 어떠한 제도적 정비와 해석론을 요구하는지에 맞추었다. 이어, AI 시대에 「특허법」이 직면한 도전과 그에 대한 법 해석적, 입법적 대응 가능성을 단계적으로 살펴볼 것이다.

1장에서는 AI 시대에 「특허법」이 마주한 전반적 도전을 개관하고, 2장에서는 AI 발명의 개념과 유형을 분류하며, AI 자체에 관한 발명, 인간이 AI를 이용한 발명 및 AI의 자율 창작까지의 스펙트럼을 검토했다. 3장에서는 AI 자체 발명의 특허 적격성과 권리 보호를 위한 제도적 조건에 관해 살펴보았으며, 4장과 5장은 발명자 특정과 권리 귀속 문제에 집중했다. AI의 참여가 어떻게 '기술적 기여'로 평가될 수 있는지를 법리적으로 조명하고, 그 결과물의 소유를 둘러싼 다양한 귀속 모델을 제시했다.

6장에서는 AI 발명에 대한 신규성, 진보성, 명세서 기재 요건 등의 특허 요건을 재구성하는 방향을 제시했고, 7장에서는 AI 기술이 제3자의 특허를 침해하는 경우의 책임 귀속 문제와 법 정책적 대응 방안을 다루었다. 8장과 9장은 AI 발명 특허를 둘러싼 윤리적 · 정책적 쟁점과 제도 개혁 방향을 모색하며, 마지막 10장에서는 AI 기술의 진화에 따른 「특허법」의 미래 전망과 글로벌 협력의 필요성을 진단했다.

이미 언급한 것처럼 이 책의 각 장은 특허 제도 내부의 구조와 원칙을 중심으로, 때로는 특허 제도 인접 영역으로 확대해 가며, AI 발명에 대한 해석과 전망을 제시하는 데 집중했다.

다만 모든 논의는 아직 초기 단계의 문제의식에 따른

법적 아이디어의 탐색일 뿐이다. AI 발명을 둘러싼 제도적 · 규범적 논의는 국제 사회에서도 분분하며 아직 정리가 되어 있지 않다. 이 책에서 제시하는 해석과 제안은 향후 논쟁과 토론을 위한 하나의 시론에 불과하다. 통상적으로 법은 현실보다 늦게 도착하는 반면, 기술은 법 스스로를 되돌아보게 한다. 이 책은 그 시선에서 미래를 함께 바라보고자 한 작은 시도다.

참고문헌

김인철(2025). 인공지능은 기존 저작물을 자유롭게 이용할 수 있을까?. 최재원 외. 『신지식재산법』(1장). 박문각.

유영복(2025). 인공지능 학습데이터에 대한 배타적 권리. 최재원 외. 『신지식재산법』(2장). 박문각.

임미라(2025). 중국의 신지식재산권. 최재원 외. 『신지식재산법』(16장). 박문각.

01
인공지능 시대 「특허법」의 과제

전 세계의 「특허법」 중 인공지능에 대비해 마련된 제도는 전혀 없는 상황이다. 그러나 인공지능이 등장하면서 전통적인 '기술적 사상의 창작' 개념이 흔들리고 있다. 이에 따라 발명의 주체, 객체, 권리화 요건, 권리 귀속 등 「특허법」 전반에 걸친 재검토가 필요하게 되었다.

AI와 1인 창업?

기술과 법제의 상호 발전

기술과 법제는 역사적으로 긴밀한 상호작용 속에서 함께 진화해 왔다. 다만, 그 진화의 속도는 대체로 비대칭적이다. 일반적으로 기술 발전이 먼저 이뤄지고, 기술의 사회적 파급과 제도적 수요가 발생함으로써 법제의 변동이 촉발된다. 이러한 기술 우선적 흐름은 법제의 후행성이라는 특성으로 설명된다. 금속 활자의 발명이 그 대표적인 사례다. 금속 활자 인쇄 기술은 지식과 정보의 대중적 유통을 가능하게 했고, 이에 따라 문학 작가의 창작물을 보호할 필요성이 대두했다. 결국 1710년 영국에서 세계 최초의 근대 저작권법인 「앤 여왕법(Statute of Anne)」이 제정되면서 저작자의 복제권(Copyright) 개념이 제도화되었다.

20세기 후반, 인터넷과 디지털 기술의 출현은 새로운 법적 쟁점을 양산했다. 디지털 복제, 전송, 저장이 자유로워짐에 따라 기존의 물리적 복제 개념은 무력화되었고, 정보의 무단 이용과 저작권 침해의 경계는 흐려졌다. 이로 인해 「저작권법」과 「정보보호법」, 공정 이용(fair use)의 법리 등은 수많은 논쟁과 판례의 축적을 거쳐 점진적으로 정비되었으며, 기술의 구체적 운용 방식에 대한 법적 해석은 여전히 진화 중이다. 기술 혁신은 항상 법리의 재해석과 제도 정비를 촉구하는 요인으로 작용해 왔다.

그러나 일반적 경향과는 다른 중요한 반례도 존재한다. 바로 특허 제도다. 1624년 제정된 영국의 「독점법(Statute of Monopolies)」은 근대 특허법의 효시로 평가된다. 이 법은 일정한 요건을 갖춘 발명에 대해 일정 기간 독점권을 부여함으로써 창의적 활동에 대한 보상을 제도화했다. 이후 특허법은 18세기 후반 1차 산업혁명의 기반이 되었다. 제임스 와트의 증기기관, 하그리브스의 방적기 등은 특허권 보호를 통해 상용화가 촉진되었고, 이는 수공업에서 기계공업으로의 대전환을 이끌었다. 최초의 특허 제도는 기술의 출현에 대응한 소극적 반응이 아니라, 오히려 기술 발전을 유도하고 산업 혁신의 제도적 촉진제 역할을 수행했던 것이다.

19세기 말부터 20세기 초에 이르는 2차 산업혁명 시기에는 특허 제도가 전략적 인센티브로 기능했다. 전기, 화학, 철강, 기계 분야에서의 대규모 기술 투자가 가속화되면서, 기술 독점을 확보할 수 있는 특허권은 기업 경쟁력의 핵심 수단이 되었다. 이 시기 에디슨, 벨, 다임러 등 수많은 기술 기업가들이 특허 제도를 적극적으로 활용하며 대량 생산 체제를 구축했고, 이는 현대적 산업 구조의 기초를 형성했다.

20세기 후반에 등장한 3차 산업혁명, 즉 디지털 혁명은 정보 통신 기술(ICT)의 급속한 발전을 동반했다. 이 시기 「특허법」은 이러한 기술적 환경에 발맞추어 더 이상 기계 · 장치 중심에서 머물지 않고, 소프트웨어, 알고리즘, 비즈니스 방법 등 비전통적 영역으로 그 보호 대상을 확장해 나갔다. 특히 미국의 연방순회항소법원(CAFC)과 특허심판원(PTAB)은 앨리스/마요(Alice/Mayo) 테스트 등의 법리를 통해 컴퓨터 구현 발명의 특허 적격성 기준을 정립해 나갔으며, 세계 각국도 이에 상응하는 법 개정과 심사기준 정비에 나섰다.

이처럼 특허 제도는 때로는 기술 발전의 촉매로, 때로는 기술 진보에 수반되는 권리 구조의 설계자로 기능해 왔다. 법제는 단순히 기술을 따라가는 것이 아니라, 기술이 가고자 하는 방향을 조정하고 균형을 맞추는 역할을 수행할 수 있다. 특히 인공지능, 양자 컴퓨팅, 생명공학 등 미래 기술 시대에 진입한 지금, 「특허법」은 다시금 새로운 경계에 서 있다. 특허 제도의 역사적 맥락을 이해하는 것은 앞으로 우리가 어떠한 기준으로 '보호할 기술'을 선별하고, 어떠한 권리 구조를 설계할 것인가에 대한 통찰을 제공한다. 법은 기술의 그림자가 아니라, 그 미래를 함께 설계하는 도면이 되어야 한다.

AI의 등장과 「특허법」이 직면한 문제

특허(特許)는 '특별히 허락함'을 의미하므로, 문맥에 따라 여러 의미로 사용될 수 있다. 다만 「특허법」에서의 특허는 "새롭고 진보된 발명을 공개하는 대가로 일정 기간 동안 독점 · 배타적 권리를 부여함"을 의미한다. 특허를 통해 새롭고 진보된 발명을 보호하고, 그 이용을 장려함으로써 국내 산업 발전에 이바지하도록 하는 것이 「특허법」의 존재 이유다. 우리나라 「특허법」 제1조 역시 이를 명확히 선언하고 있으며, 「특허법」의 모든 조문은 궁극적으로 "산업 발전"이라는 정책적 목표 달성을 위한 수단으로 구성되어 있다.

그러나 인공지능의 등장은 "기술적 창작과 공개에 대한 특허권 보호"라는 기본 프레임에 대해 본질적 의문을 제기한다. AI란, 학습, 추론, 판단, 문제 해결, 언어 이해 등과 같은 인간의 지능 활동을 기계가 모사하거나 대체할 수 있도록 설계된 기술 시스템을 말한다. 이는 단순한 계산 처리 능력을 넘어, 방대한 데이터를 분석해 패턴을 인식하고, 스스로 경험을 축적하며, 새로운 결과를 생성하거나 복잡한 결정을 내릴 수 있는 자율성을 갖춘 알고리즘 기반의 지능 체계라 할 수 있다.

오늘날의 인공지능은 고전적 규칙 기반 시스템을 넘어, 머신 러닝(Machine Learning)과 딥 러닝(Deep Learning) 등으로 발전하면서, 더 이상 인간의 명시적 지시 없이도 스스로 최적의 해법을 탐색하고, 예측과 창작의 영역에까지 그 적용 범위를 넓혀 가고 있다. AI는 이미 인간의 사고 과정을 부분적으로 또는 전면적으로 대체하고 있다. 자율적으로 문제를 설정하고 해결안을 생성할 수 있는 창작 주체로 부상했고, 이러한 AI의 등장은 「특허법」에 의한 기술 보호 프레임을 근본적으로 재검토하게 만든다.

우선, 현대 기술 문명의 일선에 놓인 AI 그 자체가 「특허법」상 '발명'의 객체가 될 수 있는지에 대한 의문부터 시작된다. 전통적 의미의 컴퓨터 프로그램 발명은 특허권의 보호 대상이 되고 있지만, 생성형 AI처럼 자율적으로 데이터를 학습하고 결과를 산출하는 시스템은 단순한 명령의 집합을 넘어, 그 내부 작동 원리가 비가시적이고, 예측 불가능하며, 설명조차 어려운 경우가 많다. 이러한 성질은 「특허법」이 전제하는 발명 개념의 본질인 "기술적 사상의 구체적 구현"과 충돌하게 된다.

이미 언급했듯, 특허 제도는 '기술 공개의 대가로 독점권을 부여한다'는 교환적 정당성을 기반으로 한다. 따라서 어떤 발명이 특허로 보호되기 위해서는 그것이 명세서에 명확히 기재되어야 하며, 통상의 기술자가 이를 보고 재현할 수 있어야 한다. 하지만 딥 러닝 모델, 자가 학습 기반의 생성형 AI 등은 내부 알고리즘의 동작 방식이 '블랙박스(black box)'로 남는 경우가 많아, 기술적 원리와 구현 과정을 설명하는 데 본질적 한계가 있다. 특허 명세서에는 AI가 어떻게 구현되어 그토록 유용한 기능이 발현되는지가 설명되어 있어서, AI 기술 분야에서 통상의 지식을 가진 사람이 그 설명을 보고 쉽게 재현해 낼 수 있도록 기재되어 있어야 한다(「특허법」 제42조 제3항 제1호). 특허 명세서에 AI 기술이 충분히 설명되어 있지 않고도 특허권이 인정된다면 "기술 공개"라는 특허 제도의 핵심 기제가 무력화될 수 있다.

AI가 생성하는 발명에 대한 심사기준의 적절성 문제도 제기된다. 현행 「특허법」은 인간의 창작 능력을 전제로 신규성(novelty)과 진보성(inventive step)을 판단한다. 그러나 AI는 방대한 선행 기술을 학습해, 그 경계를 창의적으로 '조합'하는 방식으로 작동한다. 이 경우, 인간의 직관이나 인식으로는 전혀 예측하기 어려운 조합이더라도, AI에게는 통계적 최적화에 기반한 자연스러운 결과일 수 있다. 그렇다면, 이러한 발명이 '기존 기술에 비추어 쉽게 생각해 낼 수 없는 것'인지는 인간 기준으로 판단해야 할 것인가, 아니면 AI 기준으로 판단해야 할 것인가? 심사기준의 판단 주체와 판단 방법에 대한 재설계가 불가피해지는 지점이다.

AI에 의해 타인의 특허권 침해가 유도된 경우, 누가 책임을 부담할 것인지에 대한 법적 불확실성도 쟁점이 될 수 있다. 생성형 AI가 기존 특허 기술과 유사한 해결안을 제시하거나, 사용자 요청에 따라 침해적 기술 구현 방식을 안내한 경우, 침해 책임은 AI 개발자, 사용자, 플랫폼 제공자 중 누구에게 귀속되는가? 특허권 침해는 침해자의 고의 또는 과실을 전제하지만 AI로 인한 침해 발생의 경우, 누군가의 고의 또는 과실의 존재를 입증하기도 어렵다. 이에 따라 학계에서는 기술 통제 기반 책임론 또는 객관적 결과 책임의 도입 가능성도 논의되고 있다.

AI 시대의 기술 창작과 권리 귀속에 대한 새로운 접근 필요성

AI의 등장으로 가장 많이 다뤄진 문제는 AI가 기술 창작의 주체가 됨에 따라 파생되는 문제다. 지금까지의 「특허법」은 인간, 즉 자연인을 창작의 유일한 주체로 상정해 왔다. 발명이란 인간의 창의적 사고의 산물이며, 이러한 창의성의 산물을 창작자가 취하는 것은 노동 이론(존 로크), 인격 이론(게오르크 헤겔), 공리주의(제러미 벤담) 등의 철학적 이론에 의해 정당화되어 왔다. 인간이 자신의 노력과 정신을 투입한 결과에 대해 일정 기간 독점권을 인정받는 것이 정의롭다는 판단은 오랫동안 특허 제도의 기반이 되어 왔다.

그러나 AI는 이 구조를 전면적으로 흔들고 있다. AI는 인간의 사고를 단순 보조하거나 반복 업무를 자동화하는 수준에 머물지 않는다. 대규모 언어 모델(LLM)과 생성형 AI(Generative AI)는 자연어를 통해 스스로 문제를 정의하고, 기존에 존재하지 않았던 기술적 해답을 설계·제안하는 능력을 보여 주고 있다. 인간의 개입 없이 또는 최소한의 개입만으로 이뤄진 AI 생성 발명에 대해 AI를 발명자로 인정할 수 있는지 자체가 논란이며, AI를 발명자로 인정할지에 대해 어떤 결론을 내리더라도 AI 생성 발명의 권리 귀속 문제는 또 다른 쟁점이 유발되어 기존 법체계 내에서 규정하기 어려운 상황이다.

더 나아가 AI 생성 발명을 「특허법」 체계 안에서 보호하는 것이 바람직한지의 문제가 파생된다. 그러나 AI 생성 발명을 법적으로 보호할지는 기술적·법률적 차원을 넘어서는 문제다. 산업 정책, 기술 주권, 국제 통상 전략 등과 깊이 연결된 국가적 과제이기도 하다. AI에 의한 발명을 보호하지 않는다면, 관련 기술의 산업적 활용이 저해될 수 있고, 해외 기업에 의한 선점 가능성이 커진다. 반면, AI에 의한 발명에 무분별하게 독점권을 부여할 경우, 기술 접근의 공정성, 중소기업의 진입 장벽, 혁신의 폐쇄성 문제를 초래할 수 있다. 따라서 이 문제는 단순한 법조문 해석이나 일부 조항의 국지적 개정으로 해결할 수 없다. 전방위적 시각에서 법 제도와 산업 구조, 국제 협약 및 통상 정책을 포괄적으로 고려한 거시적 정책 설계가 필요하다.

요컨대 AI는 단지 새로운 기술로만 볼 수 없다. 그것은 「특허법」이 전제로 하는 창작의 구조와 권리의 정당화 논리, 그리고 제도적 설계 전반에 근본적인 재검토를 요구하는 존재다. 이제 우리는 기존의 자연인 중심적 「특허법」 구조를 유지하면서도, AI 기반 창작물에 대한 법적 정합성과 산업적 활용 가능성을 동시에 고려해야 하는 전례 없는 과제 앞에 서 있다. 미래의 「특허법」은 더 이상 단순히 적용 영역을 확장하는 것이 아니라, 기술 창작의 현실을 직시하고, 창작 주체의 개념을 재정의하며, 산업 생태계와 국제 질서 속에서 실효성 있는 권리 보호 체계를 구축해 나갈 수 있도록 하는 재구성이 필요하다.

참고문헌

이상호(2021). A study on the inventorship and patent eligibility of artificial intelligence inventions under the U.S. patent law system. 한동대학교 박사학위논문.

차상육(2023). 인공지능(AI) 관련 「특허법」상 쟁점에 관한 연구. ≪경북대학교 법학논고≫, 80.

충북대학교 산학협력단(2024). 인공지능(AI)을 이용한 발명의 발명자권 및 특허 요건에 대한 연구.

02
인공지능 기술의 개념과 분류

AI 발명은 기술의 구현 방식과 인간의 개입 수준에 따라 본질적으로 구분된다. AI 발명은 유형별로 「특허법」상 쟁점이 다르게 나타나는데, 그중 AI 생성 발명은 기존 「특허법」 체계와 근본적 충돌을 야기한다.

AI와 MBTI?

AI 개념의 변천

1956년 미국 다트머스 대학교에서 열린 한 회의(Dartmouth Summer Research Project on Artificial Intelligence)에서 '인공지능'이라는 용어가 처음 등장했고, 이는 "모든 학습적 측면이나 지능의 모든 특징을 기계가 시뮬레이션할 수 있도록 하는 것"이라고 정의되었다. 이후 인공지능의 개념은 지난 70년 동안 기술의 진보와 함께 끊임없이 변화해 왔다. 단지 기술적 수단의 발전만이 아니라 인간의 지능을 어떻게 이해하고 모사할 것인가라는 인식의 전환에 따른 개념적 진화가 함께 이뤄졌다.

AI의 태동기는 1950년대 후반에서 1970년대까지의 규칙 기반(symbolic AI) 시기로, 인간의 사고 과정을 수학적 · 논리적 규칙으로 환원하려는 시도가 이어졌다. 컴퓨터는 명시된 규칙을 통해 논리적으로 문제를 해결하는 존재로 설계되었으며, 초기 AI 연구자들은 이를 통해 '생각하는 기계'를 만들 수 있으리라 낙관했다. 그러나 컴퓨터 성능의 한계, 데이터 부족, 문제 해결의 일반화 실패 등으로 AI 연구는 실질적 성과를 내지 못했다.

1980년대 들어 AI는 다시 산업과 정책의 관심을 받게 되었고, 전문가의 지식을 규칙으로 구축해 특정 문제 해결에 적용한 전문가 시스템의 실용화가 활발히 이뤄졌다. 그러나 전문가 시스템 역시 지식 획득의 어려움, 유지 보수의 비효율성 등으로 한계를 드러냈다.

1990년대에 들어서면서 AI의 중심 개념은 머신 러닝(Machine Learning)으로 급격히 전환되었다. 인간이 규칙을 직접 알려 주는 것이 아니라, 기계가 데이터로부터 스스로 규칙을 학습한다는 접근이 본격화된 것이다. 이 때부터 인공지능은 "정해진 규칙을 수행하는 기계"가 아니라, "데이터에서 패턴을 인식하고 일반화하는 통계적 시스템"으로 개념이 재정립되었다. 서포트 벡터 머신(SVM), 인공 신경망(Artificial Neural Network), 결정 나무(Decision Tree) 등 다양한 학습 알고리즘이 이 시기에 개발되었다.

이러한 학습 기반 AI는 2010년대에 이르러 딥 러닝(Deep Learning)이라는 돌파구를 통해 새로운 도약을 맞이했다. 대용량 데이터와 그래픽 처리 장치(GPU)의 발전, 다층 신경망 기술의 성숙이 맞물리면서 인공지능은 음성 인식, 영상 인식, 번역 등 실제 산업에 적용될 수 있는 수준의 성능을 보이기 시작했다. 이 시기의 인공지능은 '자율적으로 학습하고 예측할 수 있는 고성능 알고리즘 시스템'으로 이해되었으며, AI는 기술을 실행하는 주체로서 산업 생태계의 한 축으로 부상했다.

2020년대 중반에 들어선 지금, 인공지능은 다시 한번 근본적인 개념적 전환을 겪고 있다. 대규모 언어 모델의 출현과 생성형 AI의 확산으로 인해, AI는 이제 단순히 "분류하고 예측하는 시스템"을 넘어서 "창작하고 대화하며 해석하는 지능적 존재"로 이해되고 있다. GPT 계열 모델, 스테이블 디퓨전(Stable Diffusion), 음악 · 영상 생성 AI 등은 단지 과거의 데이터를 반영하는 것이 아니라, 새로운 콘텐츠를 생산하고, 인간과 언어적으로 상호작용할 수 있는 수준에 이르렀다.

이제 인공지능은 단순한 자동화 도구가 아니라, 언어적 · 인지적 자율성을 가진 창조적 대리자(creative agent)로 간주되고 있다. 그 개념은 처음의 '논리적 시뮬레이터'에서 시작해, '지식 기반 시스템', '자기 학습 기계', '산업적 실행자', 그리고 '창작의 주체'에 이르기까지 점진적이면서도 혁신적인 변화를 거듭해 왔다.

인공지능의 개념은 정태적이지 않다. 기술의 진보와 함께 인공지능은 어떤 문제를 해결하는가, 어떻게 학습하는가, 그리고 무엇을 생성하는가에 따라 그 의미와 역할이 지속적으로 확장되고 있으며, 앞으로도 그러할 것이다.

AI의 기술 요소에 대한 법적 분석

인공지능은 단순한 알고리즘 이상의 복합적 기술 체계다. AI는 하나의 기술이 아니라, 모델 구조, 학습 데이터, 학습 방법, 그리고 자율성 수준이라는 네 가지 핵심 요소로 구성되는 총체적 시스템이라 할 수 있다.

이러한 각 요소는 AI의 기술적 성능을 결정할 뿐만 아니라, 그 법적 지위와 책임 귀속, 규제 대상 여부 등 법적·정책적 판단에서도 결정적인 의미를 갖는다. 다시 말해, AI가 어떠한 방식으로 작동하고 어떤 결과를 산출하는지를 판단하기 위해서는 이 네 요소에 대한 이해가 선행되어야 하며, 이는 곧 AI의 행위나 산출물에 대해 법적으로 권리 또는 책임을 부여할 수 있는지를 판정하는 기준이 된다.

모델 구조

AI 모델 구조는 인공지능의 작동을 설계하는 청사진으로, 입력 정보의 처리 방식과 출력 결과 도출 과정을 결정짓는 기술적 프레임워크다. 인공 신경망의 층위, 노드 연결, 순환 여부, 주의 메커니즘, 학습 파라미터 등이 그 구성 요소에 해당하며, 이는 인간의 뇌 신경망과 유사한 구조를 갖는다.

AI 발전사에서는 특정 과업에 최적화된 다양한 구조가 개발되어 왔다. 예를 들어, CNN은 이미지 인식에, RNN은 시계열 데이터 분석에 적합하며, 최근에는 트랜스포머 구조가 GPT, 라마(LLaMA), 클로드(Claude) 등 대규모 언어 모델의 기반이 되어 자연어 처리에서 핵심 기술로 자리 잡고 있다.

모델 구조는 기술적 창의성과 효과가 인정되면 특허 보호가 가능하지만, AI의 블랙박스성으로 인해 명세서 기재 요건을 충족하는 것이 비교적 어렵다. 반면, 메타(Meta)의 라마, 구글(Google)의 T5처럼 구조를 오픈 소스로 공개하는 사례도 늘고 있다. 이는 기술 생태계 확장에 기여하면서도, 모델 구조에 대한 권리 보호 범위는 줄어드는 효과를 낳는다.

현재는 모델 구조 그 자체보다는 이를 조합·최적화하고, 데이터 및 학습 방식에 따라 차별화된 성능을 구현하는 기술적 세부 사항과 운영 노하우가 영업비밀 또는 특허로 전략적 보호 대상이 되는 추세다.

학습 데이터

AI가 무엇을 배울지는 '경험'과 '정보'에 해당하는 학습 데이터의 성격에 달려 있다. 학습 데이터의 범위, 품질,

편향성, 법적 지위 등은 AI의 성능뿐 아니라 책임성과 정당성 평가의 기초가 된다.

이미지 AI는 수천만 장의 이미지와 그에 대한 설명이 포함된 이미지넷(ImageNet)을 학습하고, 언어 모델은 웹 크롤링 텍스트, 위키피디아, 도서, 뉴스 기사 등을 포함한 커먼 크롤(Common Crawl)이나 북스코퍼스(BooksCorpus) 같은 대규모 말뭉치(corpus)를 기반으로 학습한다. 이러한 학습 데이터는 종종 저작권, 개인정보 보호, 명예 훼손 등의 법적 문제를 유발한다. 예컨대, 스테이블 디퓨전은 인터넷에 공개된 수많은 예술 작품을 무단으로 학습에 활용했다는 이유로 저작권 침해 논란에 휩싸였으며, GPT 모델들도 원고 · 논문 등을 무단 학습했다는 주장이 제기되어 여러 집단 소송이 진행 중이다. 이는 데이터의 수집 · 가공 · 활용이 단지 기술적 행위가 아니라, 법적으로 정당화되어야 하는 행위임을 뜻한다.

머신 러닝 기반 발명은 학습 데이터의 품질이 결과의 신뢰성과 진보성 판단에 직접적 영향을 미친다. 따라서 특허 명세서 작성 시에는 데이터세트의 공개 여부, 라이선스 상태, 비식별화 여부 등도 고려되어야 한다. 비공개 데이터세트는 비밀 관리성 인정 여하에 따라 영업비밀로 보호될 수 있다. 검색 가능하도록 정렬하고, 전처리(preprocessing)와 태깅(tagging)을 거쳐 구조화된 데이터베이스는 공개 여부와 관계없이 「저작권법」 상 데이터베이스로서 보호받을 수 있다.

AI가 데이터세트를 활용해 학습하는 경우, 그 원천이 되는 데이터가 제3자의 데이터베이스일 수 있다. 데이터베이스의 실질적 부분을 반복적 · 체계적으로 추출해 학습이 이뤄진 경우는 물론 AI가 데이터베이스의 구조를 분석하거나 재구성하는 것도 데이터베이스 제작자의 권리(Sui generis database right) 침해가 될 수 있다.

학습 방법

AI의 학습 방법은 주어진 데이터로부터 규칙을 발견하고 일반화를 수행하는 방식으로, AI의 성능과 예측 신뢰도에 직접적인 영향을 미친다. 주요 학습 방식으로는 지도 학습, 비지도 학습, 강화 학습, 자기 지도 학습이 있으며, 챗GPT(ChatGPT)는 자기 지도 학습 기반으로 훈련된 후, 인간 피드백에 의한 강화 학습(RLHF)을 통해 응답 품질을 향상했다.

AI 학습 방법은 특허 보호의 대상이 되기도 하며, 특히 손실 함수, 하이퍼 파라미터(Hyper parameter) 조정 방식, 검증 절차 등 구체적 학습 프로세스를 특정함으로써 발명의 진보성과 기술적 효과를 주장할 수 있다. 동일한 데이터세트에 대해 다른 학습 방법을 적용해 차별적 성능을 입증한 경우, 특히 적격성이 강화된다.

한편 AI의 법적 책임 귀속은 학습 방식에 따라 달라질 수 있다. 지도 학습은 인간이 정답 데이터를 제공하므로 결과에 대한 예측 가능성과 통제 가능성이 높고, 책임 역시 인간 설계자에게 명확히 귀속된다. 반면, 자기 지도 학습이나 강화 학습은 AI가 스스로 보상 신호를 통해 학습 경로를 형성하므로, 인간의 개입이 제한적이며, 결과에 대한 설명 가능성도 낮다. 특히 강화 학습은 예기치 않은 방향으로 행동을 최적화할 수 있어, 결과에 대한 예측이 더 어렵다.

이러한 특성은 책임 귀속 문제를 복잡하게 만든다. 피드백을 제공한 자가 결과를 통제했는가에 따라 책임 성립 여부가 달라지며, 이는 기술 통제 기반 책임론이나 결과 책임(strict liability) 이론의 필요성을 부각한다. 학습 방식에 따라 결과의 예측 가능성과 인간의 통제 범위가 달라지기 때문에, 책임 판단 기준도 그에 맞추어 정교하게 재설계되어야 하며, 이는 향후 AI 책임법의 핵심 요소가 될 것이다.

자율성 수준

이는 AI의 행위에 인간이 어느 정도로 개입하는지, 다시 말해 AI가 결과 도출에 얼마나 독립적으로 작용했는지에 관한 지표로서, AI의 법적 지위와 책임 문제를 결정짓는 핵심 요소다. 자율성은 단순한 자동화에서부터 인간의 감독 없이 상황을 인식하고 판단하는 완전 자율에 이르기까지 스펙트럼을 형성한다.

예컨대, 가정용 로봇 청소기는 저수준 자율성을 가진 장치로, 사용자의 설정과 제한된 센서 정보에 따라 움직인다. 반면, 자율주행 자동차의 AI는 고도 자율성을 바탕으로 실시간 도로 상황을 판단하고, 복합적인 결정을 내린다. 생성형 AI는 텍스트나 이미지를 생성하는 과정에서 예측이 아닌 창작에 가까운 결과를 도출할 수 있으며, 이러한 자율성은 때로 인간보다 뛰어난 기술적 해법을 제시하기도 한다.

인간의 기여 없이 AI가 실질적으로 문제 해결의 핵심 과정을 수행해 도출된 발명의 경우, 전통적인 「특허법」상 발명자 요건과 충돌을 일으킨다. 법 제도는 여전히 자율성과 책임 사이의 적절한 균형점을 찾지 못하고 있다. 만약 AI가 독자적인 판단을 내렸다면, 그로 인한 손해나 침해는 누가 책임져야 하는가? 이는 기존의 '의사 결정 주체는 인간'이라는 전제가 흔들리는 지점이며, 인공지능의 자율성이 높아질수록 법은 통제 가능성(control), 예견 가능성(foreseeability), 책임 회피 방지(responsibility gap) 같은 개념을 중심으로 재정비될 필요가 있다.

현행 「특허법」의 관점에서 AI가 새로운 발명을 도출해 내는 데 인간이 아무런 창작적 기여를 하지 않았다면, 해당 발명의 발명자는 없다고 볼 수 있다. 발명자 또는 승계인이 아니면 특허를 받을 수 있는 권리를 갖지 못하므로 해당 발명은 누구도 특허를 받을 수 없다는 결론이 뒤따른다. 인간이 발명 창작에 기여를 했다면 그 기여자만이 발명자로 인정될 것이다. 특허 명세서에서 AI가 개입된 발명을 설명할 때에는 인간의 개입 정도, AI의 역할, 자동화 수준 등을 구체적으로 명시할 필요가 있다.

AI 발명의 유형별 구분

"AI 발명(AI inventions)"이라는 용어는 표면적으로는 단일한 기술 범주처럼 보이나, 실질적으로는 서로 다른 기술적 구조와 법적 지위를 가진 발명들을 포괄하고 있다. 이러한 이질성에도 불구하고, 현재까지 AI 발명에 대한 유형화된 개념 체계는 충분히 정립되어 있지 않으며, 이로 인해 관련 논의에서 발명자 판단 기준, 명세서 기재 요건, 특허 요건 심사기준, 권리 귀속 구조 등의 문제를 둘러싸고 개념 혼동과 해석상의 불일치가 빈번히 발생한다.

따라서 AI 발명을 기술 구현 방식과 인간의 기여 수준에 따라 체계적으로 유형화함으로써, 각 쟁점에 적절한 법적 분석 틀을 제공할 필요가 있다. 일반적으로 AI 발명은 다음의 세 가지 유형으로 구분될 수 있으며, 각 유형은 「특허법」상 보호 가능성, 명세서 작성 방식, 권리 귀속 구조, 심사기준 등에 관해 서로 다른 쟁점을 갖는다.

AI 기초 발명

이는 AI 기술 자체의 진보에 초점을 둔 것으로, AI 시스템 내부의 작동 원리나 구조의 개선 사항을 통해 진보성이 평가된다. 분산된 데이터를 중앙 서버로 모으지 않고도 학습할 수 있는 '연합 학습(Federated Learning)' 알고리즘의 개발, AI 모델의 처리 효율을 높이기 위한 '지식 증류(Knowledge Distillation)' 또는 양자화(Quantization) 같은 경량화 기술, 트랜스포머(Transformer) 기반 신경망 구조 최적화, 고속 훈련을 위한 분산 병렬 학습 구조 및 GPU 자원 활용 효율화를 위한 알고리즘 설계 등을 예로 들 수 있다.

이러한 발명은 전통적으로 컴퓨터 구현 발명(CII, Computer Implemented Inventions)의 범주에 속하며, 그 법적 판단은 일반 소프트웨어 발명 또는 수학적 알고리즘의 특허 적격성 문제와 유사한 분석 틀에서 이뤄진다. 이에 따라 특허 명세서를 작성할 때에는 해당 구조나 알고리즘이 단순한 수학적 개념에 머무르지 않고, 실제로 기술적 효과(technical effect)를 야기한다는 점을 충분히 설명해야 한다. 예컨대 연산 속도의 향상, 저장 용량의 절약, 에너지 효율의 증가, 하드웨어 자원의 최적화 등 구체적이고 검증 가능한 기술적 결과가 설명되어야 한다.

이 유형의 발명은 AI 기술의 '핵심 엔진'을 구성하는 영역인 만큼, 그 권리 보호 가능성은 높지만 동시에 알고리즘 자체가 「특허법」상 보호 가능한 '기술(technical invention)'로 인정될 수 있는지, 복잡한 모델의 학습 구조나 연산 흐름을 얼마나 구체적으로 공개해야 하는지, 오픈 소스 기반 모델 구조나 알고리즘을 일부 차용하거나 개선한 경우, 해당 발명이 신규성이나 진보성을 갖추었는지 등이 문제 된다.

AI 활용 발명

이는 AI를 도구로 활용하거나 AI를 발명의 일부로 포함해 특정 산업적 문제를 해결하려는 기술에 관한 것이다. 이 유형의 발명에서는 AI가 발명의 주체적 구성 요소라기보다는 하위 기능 또는 보조 수단의 지위를 가지며, 전체 발명의 구성에서 핵심은 AI의 기술 구조가 아닌 그 응용 목적과 기능적 효과에 있다.

의료 영상 분석 시스템의 CT 또는 MRI 분석 AI, 자율주행 차량의 AI 연산 블록, 스마트 농업 시스템의 드론 수집 영상 분석 AI 등이 시스템에 이용되는 AI로서, 발명의 주요 구성 요소로 작용한다.

이처럼 AI 활용 발명은 AI 자체의 구조나 작동 메커니즘보다는, "입력-처리-출력"이라는 기능 흐름이 어떻게 구성되고, 해당 기능이 산업적 문제 해결에 어떤 효과를 가져오는지가 특허성 판단의 핵심이 된다. 명세서 작성 시에는 알고리즘의 내부 작동 논리보다는, AI가 작동하는 방식과 결과가 시스템 전반에서 어떤 작용을 유발하는지를 중심으로 설명하는 것이 바람직하다.

이 유형의 발명은 비즈니스 모델(BM) 발명, 시스템 발명, 컴퓨터 구현 발명(CII) 등과 구조적으로 유사하다. AI 활용 발명은 AI 기술을 직접 보호하는 것이 아니라,

AI를 활용해 특정 목적을 달성하고, 구체적인 산업적 가치를 실현한 점에서 보호의 근거를 갖는다. 다양한 산업군에서 AI가 고도화된 형태로 내재화되면서, 이 유형의 AI 활용 발명은 지속적으로 증가할 것으로 전망된다.

AI 생성 발명

AI 발명 유형 중 가장 깊은 철학적, 법적, 제도적 논쟁을 야기하는 AI 생성 발명은 인간이 직접적으로 발명의 개념에 기여하지 않고, AI가 스스로 기술적 해결안을 도출한 경우를 의미한다. 즉, 인간은 AI에게 문제 해결의 목적을 부여하거나 데이터 환경을 제공했을 뿐, 구체적인 발명의 창출 과정에서 핵심적인 창작적 결정을 내리지 않은 상황에서 발명이 이뤄진 것이다.

이와 같은 AI의 산출물은 겉으로 보기에는 인간이 창작한 것과 크게 다르지 않지만, 창작 과정의 주체가 인간이 아니라는 점에서 기존 특허 체계와 많은 부분에서 충돌한다. 우선 AI를 발명자로 인정할지, 발명자로 인정할 수 없다면 누구를 발명자로 보고 누구에게 특허권을 귀속시켜야 하는지, 또는 이러한 발명은 아예 권리 주체가 부재한 '무주물'로 간주되어 공공재로 편입시켜야 하는지 등의 논란이 있다. 또한 통상의 기술자가 그 발명을 쉽게 생각해 낼 수 있었는가에 초점을 맞추는 현 진보성 심사기준도 인간의 창의성과 예측 가능성을 기준으로 유지해야 하는지가 문제 된다.

참고문헌

정천수(2023). LLM 애플리케이션 아키텍처를 활용한 생성형 AI 서비스 구현: RAG모델과 LangChain 프레임워크 기반. ≪지능정보연구≫, 29(4).

조정임(2023). 초거대 AI와 생성형 인공지능. ≪TTA 저널≫, 207.

Schuster, W. M.(2019.2). Artificial Intelligence and Patent Ownership. *Washington and lee law review,* 75(4).

03
인공지능 발명의 특허 적격과 권리 보호를 위한 제도적 조건

AI 기술은 고정된 코드가 아닌 학습과 진화의 구조로 작동하기 때문에, 기존의 특허 심사기준과 명세서 기재 방식으로는 그 기술적 기여와 침해를 제대로 포착하기 어렵다. 명세서 작성 방법의 구조적 재설계가 요구된다.

AI와 난임 극복?

AI의 본질과 보호 방법

인공지능은 인간의 인지 활동을 모방하거나 대체할 수 있도록 설계된 기술 체계로서, 단순한 알고리즘을 넘어 자율적으로 의사 결정과 창작을 수행하는 시스템으로 진화하고 있다. 기술 구현 측면에서는 전통적인 컴퓨터 프로그램의 일종이지만, 법적으로 기존 프로그램과 동일하게 취급할 수 있는지 논란이 될 수 있다.

컴퓨터 프로그램은 「저작권법」상 "인간의 사상 또는 감정을 표현한 창작물"로 보호되며, 프로그램 언어, 규약, 해법 등은 보호 대상이 아니다. 프로그램의 선택, 배열, 조합 등에 창작성 있는 표현이 있을 경우에만 저작권이 인정된다. 특허권은 기술적 아이디어, 즉 자연법칙을 이용한 기술적 사상을 보호하며, 프로그램 자체는 특허 대상이 아니지만, 하드웨어와 결합되어 기술적 효과를 유발할 경우에는 특허성이 인정될 수 있다.

반면 AI는 그 자체로 특정한 언어 구조에 고정되지 않고, 데이터를 학습하면서 지속적으로 변화하고 최적화되는 구조를 가진다. 동일한 AI 알고리즘이라도 학습 데이터에 따라 전혀 다른 결과를 생성할 수 있으며, 이는 일반적인 컴퓨터 프로그램 저작물과 AI가 근본적으로 다른 특성을 가짐을 의미한다. 즉, AI의 본질은 고정된 형태의 코드가 아니라 가변적인 기능적 구현에 있다.

AI 모델 구조 및 학습 방법의 근간이 되는 소스 코드는 컴퓨터 프로그램 저작물이라 할 수 있으나, 소스 코드는 AI를 이루는 한 요소일 뿐, 그것만을 AI라고 부를 수는 없다. 인간이 DNA 서열만으로 설명되지 않듯, AI 역시 단순한 코드의 집합이 아닌 모델 구조, 학습된 파라미터, 훈련 데이터, 실행 환경의 총체로 구성된다. AI는 사전 정의된 절차에 따라 작동하는 것이 아니라, 데이터에 따라 스스로 규칙을 형성하고, 입력에 대한 출력을 동적으로 생성한다. 이 기능은 단순한 코드로는 구현되지 않으며, 반드시 학습(learning)의 과정을 통해 만들어진 모델이 포함되어야 한다. 따라서 AI라고 할 수 있는 지점부터 논의하자면, AI는 '표현'이 특정되지 않으므로 저작권으로 보호될 수 없다.

AI는 정보 처리에 그치지 않고, 기술적 과제 해결이라는 기능을 수행한다. 학습된 AI가 특정 문제에 대해 생성하는 최적화 결과는 하나의 기술적 수단으로 볼 수 있으며, 이는 「특허법」상 발명의 개념에 부합한다. 따라서 AI는 저작권이 아닌 특허를 통해 보호하는 것이 타당하며, 학습과 진화 가능성을 반영한 특허 보호 체계가 필요하다.

AI 발명의 특허 적격에 관한 심사기준의 문제

AI 발명의 특허성은 기술적 기여의 실질성과 기존 기술과의 차별성에 따라 판단된다. 새로운 AI 알고리즘이나 모델 구조가 단순한 수학적 알고리즘이 아니라 기술적 문제 해결 수단으로 기능할 경우, 특허 보호가 가능하다. 그러나 단순한 데이터 처리 방식의 변경에 불과하다면 보호가 어렵다.

우리 특허청의 심사기준(2020. 12)은 AI 발명에 대해 컴퓨터 · 소프트웨어 발명과 동일한 기준을 적용하며, "하드웨어를 이용한 구체적 실현"을 중심으로 성립 요건을 판단한다. 그러나 이는 AI 기술의 본질을 반영하지 못하는 형식적 판단으로, 다음과 같은 한계를 지닌다.

첫째, 기술의 본질보다 구현 방식에 의존한다.

AI의 기술성은 하드웨어 결합이 아닌, 학습 · 추론 · 최적화 구조 자체에서 발현된다.

예컨대, 특정 AI 모델이 기존보다 훨씬 효율적으로 예측 정확도를 개선한 구조를 가지고 있다면, 그것은 하드웨어와 무관하게 기술적 효과를 발생시킨다고 볼 수 있다. 따라서 AI 기술의 핵심인 모델 구조나 학습 알고리즘의 설계, 또는 파라미터 최적화 전략 등은, 비록 '하드웨어적 구현'이 강조되지 않더라도 기술적 창작으로서 충분히 평가될 수 있어야 한다. 그럼에도 현재의 심사기준은 이러한 AI의 내재적 기술성을 무시하고 외형적 구조 요건만을 전면에 세움으로써, 창의적인 AI 발명이 기계적으로 배제될 위험을 내포하고 있다.

둘째, 현대 AI 구현 방식과 괴리가 있다.

오늘날 AI 기술은 로컬 하드웨어에서 독립적으로 실행되는 방식에서 점점 벗어나, 클라우드 기반의 서비스형 인공지능, 혹은 외부 API를 호출해 기능을 수행하는 구조로 구현되고 있다. 이 경우 AI 모델은 사용자 단말기의 하드웨어와 직접적으로 결합되어 있지 않으며, AI의 핵심 로직은 원격 서버에서 구동된다. 현 심사기준에 따라 AI 모델이 저장되는 하드웨어 구성을 필수 구성으로 포함해 청구 범위가 작성되어 특허 등록이 이뤄진다면, 그러한 AI 모델을 모방하고 서버를 외국에 둔 AI 서비스 제공자에 대해서는 특허권 행사가 불가능하게 된다.

셋째, 기술 효과보다 명세서 기재 방식에 따른 형식 판단이 이뤄진다.

현재의 심사기준은 AI 기술이 실제로 어떤 기술적 기여를 했는지보다 그 기술이 하드웨어상에서 "실현되고 있음"을 어떻게 청구항(請求項) 또는 명세서에 서술했는지에 의존해 판단하는 경향이 있다. 즉, 본질적으로 동일한 AI 기술이라 하더라도, "정보 처리 장치", "기억 매체", "프로세서" 등의 용어를 청구항에 포함했는지에 따라 발명 성립 요건이 다르게 판단될 수 있다.

이러한 형식적 기준은 실질적인 기술적 창작 여부를 판단하는 데 도움이 되기보다는, 발명자의 언어 선택 능력이나 변리사의 청구항 구성 방식에 따라 결과가 좌우되는 비본질적 차이를 초래한다. 이는 특허 제도의 핵심 가치인 기술적 기여에 대한 공정한 보상을 왜곡할 수 있다.

넷째, AI의 기술적 기여가 자연법칙의 이용으로 간주될 수 있는지에 대한 재해석이 필요하다.

현행 심사기준은 자연법칙의 이용 여부를 하드웨어적 실현 가능성과 연결해 판단하고 있다. 하지만 AI 기술은 물리적 법칙을 직접 이용하지 않더라도, 수학적 모델을 통해 현실 세계의 기술적 문제를 해결하는 방식으로 기능한다. 예컨대, AI의 추론을 통해 산업적으로 유용한 결과가 도출된다면 이것을 기술적 효과라 하지 않을 수 없다.

따라서 자연법칙의 이용 개념을 좁게 해석해 하드웨어 기반의 물리적 효과가 반드시 요구된다고 보는 것은, AI 발명을 과도하게 제한하는 결과를 낳게 된다.

미국과 유럽의 판단 기준

미국의 앨리스/마요(Alice/Mayo) 테스트는 발명이 추상적 아이디어(수학적 공식, 정신적 과정, 경제활동 모델, 조직 방법, 연산 규칙 등)를 포함하는지를 먼저 검토하고, 추상적 아이디어를 포함한다면 청구항이 실질적인 추가 요소(significantly more)를 포함하는지를 검토한다. 이 분석 틀에 따르면 AI가 단순히 '데이터 분석', '예측', '최적화' 등의 추상적 기능을 수행하는 것에 그칠 경우, 특허 적격성이 부정될 가능성이 크지만 이를 초과하는 기술적 수단이나 응용 효과가 인정될 때 특허 적격을 확보할 수 있다.

유럽특허청(EPO)은 기술적 수단과 기술적 목적을 기준으로 AI 발명의 특허 적격성을 판단한다. AI 기초 발명은 기술적 목적과의 명확한 연결이 있을 경우 특허 보호 가능성이 커지므로, AI가 수학적 모델이더라도 기술적 목적을 달성하기 위한 것이라면 특허 적격이 인정될 수 있다.

산업 정책적 판단

발명이 '자연법칙을 이용한 것'이라는 정의(定意) 관철을 위해 청구 범위에 하드웨어적 요소를 필수적으로 기재해야 하는지의 문제는 컴퓨터 프로그램 발명에서도 마찬가지로 논의될 수 있다. 이는 발명이 '자연법칙을 이용한 것'이어야 함을 정한 「특허법」 제2조 제1호의 존폐 여부와는 관계없는 문제다.

현 특허 제도에서 비즈니스 모델(BM) 발명을 인정하는 것, 디자인보호법에서 글자체와 화상(畫像)의 물품성을 의제하는 것, 상표법에서 상표를 시각적인 것으로 정의했던 것을 고쳐서 비시각적인 것까지 확대한 것과 같이 정의 규정은 정책적 필요에 따라 개정할 수도 있고, 특칙을 마련할 수도 있다.

AI 기술이나 컴퓨터 프로그램을 하드웨어적 구성 없이 보호할지의 문제는 법 논리보다는 산업 정책적 득실에 따라 유연하게 판단할 사안이다.

명세서 기재 및 특허 침해 입증의 문제

AI 발명이 특허 제도 내에서 적절히 보호되기 위해서는 명세서 기재의 충실성과 침해 입증의 가능성이라는 두 가지 핵심 요건이 충족되어야 한다. 그러나 AI, 특히 딥러닝 기반 기술은 비설명성과 비가시성이라는 특성 때문에, 이 두 요건 모두에서 구조적 한계를 갖는다.

먼저, 명세서 기재 요건은 발명을 "명확하고 상세하

게" 공개해 기술의 재현을 가능하게 해야 한다(「특허법」 제42조 제4항 제1호). 그러나 수백만 개의 파라미터와 비선형 함수로 구성된 AI 모델은 작동 원리를 인과적으로 설명하기 어려우며, 특히 생성형 AI는 출력 결과에 대한 설명 가능성이 부족해 명세서 기재의 충실성과 재현 가능성을 저해한다.

또한 AI 기술은 외부에 노출되지 않은 채 작동하는 경우가 많아, 특허 침해 입증 자체도 현실적으로 어렵다. 소스 코드나 내부 구조 없이 침해 여부를 판단하려면 '기술적 동일성'과 '청구항 구성 요소 대응성'을 확보해야 하나, 증거 수집이 어렵고, 법적 강제력도 부족하다.

이에 따라, 명세서 기재 방식과 침해 입증 구조의 재설계가 필요하다. 예를 들어, AI 활용 발명의 명세서에는 AI의 모든 연산 과정을 드러내기보다, 입력-처리-출력의 기능 중심 기술 방식과 기술적 효과 중심의 설명을 작성하도록 정할 수 있다. 데이터-알고리즘 조합 발명도 예측 정확도 향상, 자원 절약 등 질적 기술 기여가 드러날 경우 진보성이 인정되도록 할 수 있다.

이와 함께, 설명 가능성(explainability)이 확보된 AI에 대해 우선심사나 심사 가산점을 부여하는 제도적 장치를 고려할 수 있다. AI 모델의 구조, 입력 변수, 처리 흐름 등을 요약한 모델 해석 보고서(Model Interpretability Statement) 제출을 허용하는 것도 기술 공개의 새로운 방식이 될 수 있다.

AI 발명의 특허 침해 입증의 어려움 해소를 위해서는 보다 실질적이고 기술 중심의 증거 수집 체계가 필요하다. AI 기술의 침해는 외형적으로 드러나지 않는 경우가 많아, 소송 단계에서 증명 책임을 감당하는 특허권자에게 과도한 부담이 발생할 수 있다. 이에 대한 실무적 대응으로 다음과 같은 절차 제도가 논의될 수 있다.

코드 공개 명령 제도

이 제도는 소송이나 행정 조사 과정에서 법원이 일정한 사유가 있다고 판단할 경우, 피고 측에게 침해 의심 제품 또는 시스템과 관련된 소스 코드, AI 모델의 구조, 학습 데이터 및 그 로그, 입력과 출력 결과의 매핑 정보 등을 제출하도록 명령할 수 있도록 하는 것이다. 이 제도는 정보 비대칭을 해소하고, 실질적인 증거 확보의 길을 열어줌으로써 침해 판단의 객관성과 정당성을 담보할 수 있다. 다만, 영업비밀 보호와의 충돌을 최소화하기 위해 제출된 자료는 법원의 통제하에 비공개로 심리되거나, 독립적인 기술 전문가에 의한 검토 방식이 병행되어야 할 것이다.

디지털 증거 관리 체계의 구축

특허청이나 법원이 AI 관련 특허 분쟁의 특성을 감안해, 관련 기술의 증거 수집 및 보존을 위한 인프라와 지침을 마련하고, 일정 규모 이상의 플랫폼 사업자나 AI 기술 보유자로 하여금 주요 기술 자료—예컨대 학습 로그, 실행 이력, 모델 업데이트 기록 등—를 일정 기간 보관하도록 유도하는 제도를 검토할 수 있다.

이는 디지털 기술이 비가역적이거나 변형 가능성이 높은 특성을 고려한 것으로, 사후적인 입증이 아니라 사전적인 보존과 추적 가능성 확보를 통해 권리자의 법적 지위를 실질적으로 강화하는 데 목적이 있다.

비교 모델 실험 기법 도입

입력-출력 데이터세트를 활용한 비교 모델 실험 기법의 도입 역시 주목할 만한 실무적 대응 수단이다. 이 방식은 소스 코드나 내부 구조에 대한 접근이 불가능한 경우에도, 침해 여부를 간접적으로 판단할 수 있는 효과적인 도구로 기능한다. 동일한 입력 값을 제시했을 때, AI 시스템이 일관되게 동일하거나 유사한 출력 값을 생성하는

지를 실험함으로써, 피고 측 AI 시스템이 원고의 특허 기술을 실질적으로 구현하고 있다는 정황 증거를 확보할 수 있다. 특히 자연어 처리, 이미지 분류, 음성 인식 등 결과 값의 정량적 · 정성적 유사성이 판단 가능한 분야에서는 비교 실험 결과가 매우 유력한 증거가 될 수 있으며, 법원이 이를 증거 능력이 있는 간접 사실로 평가할 수 있도록 하는 제도적 기반이 함께 마련되어야 한다.

AI 기술 검증 테스트랩 설치

특허청 또는 제3자 기관 내에 AI 기술의 실효성 및 구현 가능성을 검증할 수 있는 테스트랩을 설치하고, 심사 단계에서 필요 시 해당 기술의 작동 방식, 반복 재현성, 기능적 효과 등을 직접 실험 · 검토하는 체계를 마련하는 것도 검토할 만하다.

이는 단지 기술의 진위를 확인하는 것뿐 아니라, 등록 이후에도 분쟁 발생 시 기술적 판단의 기준 자료로 활용될 수 있어, 특허권의 시장 신뢰도를 높이는 부수 효과도 기대할 수 있다.

결국 AI 발명의 명세서 기재 곤란성과 침해 입증의 난점은 「특허법」 체계의 재설계를 요구하는 문제다. 그러나 이러한 문제는 단순히 법문을 개정한다고 해결되는 것이 아니라, 실무 운영의 유연성, 기술 특성에 대한 이해, 그리고 법과 기술의 교차 지점에서 작동할 수 있는 새로운 운영 체계 마련을 통해서만 해결될 수 있다. AI는 더 이상 특정 분야의 기술이 아니라 산업 전반을 변화시키는 범용 기술(General Purpose Technology)이므로, 그 보호 체계 또한 보다 정밀하고 입체적으로 설계되어야 한다. AI의 내부 작동을 이해할 수 없다는 이유로 보호를 거부하기보다는, 그것을 이해하고 재현하는 새로운 법적 언어와 절차를 구축하는 것이 지금 우리에게 요구되는 과제다.

참고문헌

조성광(2013.5). 다시 프로그램발명을 말하다. ≪특허와 상표≫, 809.

특허청(2020.12). 『기술 분야별 심사실무가이드』, 제1부 인공지능 분야.

Five IP Offices(2023.3). Examination practice on AI-related inventions.

04
인공지능 생성 발명의 발명자 특정

AI가 기술적 설루션을 자율적으로 도출하는 현실에서, 기존의 발명자 정의를 고수함에 따라 법적 공백을 초래할 수 있다. 이 문제는 발명자 개념의 재정립과 새로운 제도 도입 가능성을 열어두고 검토해야 한다.

AI와 사주?

발명자의 개념

특허 제도는 발명이라는 창작 행위에 대한 법적 보호를 전제로 하며, 그 출발점에는 '발명자'라는 개념이 있다.

「특허법」에서 발명자는 발명의 구체적 개념 창작에 실질적인 기여를 한 사람을 말한다. 이는 단순한 아이디어 제공이나 결과 도출에 대한 조력만으로는 발명자성이 인정되지 않음을 의미한다.

「저작권법」에서도 실질적으로 저작물을 창작한 사람을 저작자라고 한다. 발명자는 특허를 받을 수 있고, 저작자는 저작권을 가지게 된다. 기술적 창작(발명)이든 문예적 창작(저작)이든, 그 창작 행위를 지시하거나 보조하거나 후원하는 사람 등은 발명자이거나 저작자가 아니다. 창작에 기여하지 않은 그들에게 주어지는 권리는 없다.

AI에게 어떤 결과물의 생성을 지시한 사람은 발명자라거나 저작자라고 할 수 없다. 그러면 AI 생성물에 대한 특허권이나 저작권은 누가 갖게 되는가. 동일선상의 문제지만 우선 「특허법」을 중심으로 논의를 전개한다. 「저작권법」에서 약간 달라지는 논의는 뒤에서 간단히 소개하기로 한다.

전통적으로 국내외 「특허법」은 발명자를 자연인

(human being)으로 한정해 왔다. 그 이유는 발명자의 창작 또는 노동의 대가로 주어지는 특허권의 자연권적 속성으로 설명할 수 있으며, 이는 근대 「특허법」의 형성 과정에서 확립되었다. 존 로크(John Locke)의 노동 이론에 따르면, 인간은 자신의 노동을 통해 외부 세계에 가치를 더하고, 그 결과물에 대해 권리를 갖는다. 이는 인간의 창작 행위를 법적으로 보호해야 한다는 사상적 기반이 되었다. 게오르크 헤겔(Georg W. F. Hegel)의 인격 이론도 마찬가지로, 창작은 인간의 인격 표현이며, 법은 그 인격적 활동의 결과를 보호해야 한다는 논리를 제공한다. 이러한 철학적 기초는 오늘날까지도 「특허법」의 이론적 근거로 활용되고 있다.

다만 위와 같은 철학적 근거를 검토하지 않더라도, "발명(자연법칙을 이용한 기술적 사상의 창작)"이라는 사실 행위는 당연히 인간만이 할 수 있다는 상식만으로도 "자연인만이 발명자가 될 수 있다는 원칙"은 쉽게 설명될 수 있었다.

자연인이 아닌 법인도 특허권을 승계하는 방식으로 특허권자가 될 수는 있으나, 창작 행위의 주체는 자연일 수밖에 없었다.

미국 「특허법」은 발명자를 개인 또는 개인들(공동 발

명의 경우)로 정의하고 있다[35 U.S. Code § 100(f)]. 우리나라 「특허법」도 "발명을 한 사람 또는 그 승계인이 특허를 받을 수 있는 권리를 가진다"고 규정해 발명자는 당연히 사람임을 전제하고 있다(「특허법」 제33조 제1항). 특히 우리나라의 「지식재산권법」은 "저작자 · 발명가 · 과학기술자와 예술가의 권리는 법률로써 보호한다"고 규정된 헌법 제22조 제2항에 기초하므로 "자연인만이 발명자가 될 수 있다"는 명제가 더욱 견고하게 뒷받침된다.

다부스 사건에 대한 세계 각국의 입장 – 기존의 「특허법」에 따른 논의와 검토

그러나 AI의 등장으로 사람만이 창작 행위가 가능하다는 오랜 통념이 깨지게 되었다. AI도 "발명"이라는 창작 행위의 주체가 되기 시작한 것이다. AI를 발명자로 인정해야 하는지에 대한 논의가 뒤따랐다.

AI 발명자 인정 여부에 대한 논의에서 가장 대표적인 사례는 다부스(DABUS) 사건이다. 미국의 인공지능 개발자 스티븐 테일러는 자신이 개발한 AI 시스템인 다부스(Device for the Autonomous Bootstrapping of Unified Sentience)가 프랙탈 형태의 음식 용기 및 비상 신호 장치를 자율적으로 발명했다고 주장하며, AI를 발명자로 기재한 특허를 여러 국가에 출원했다.

남아프리카공화국은 다부스 특허를 등록한 유일한 국가지만, 이는 실질적인 법적 논의 없이 형식적인 등록이 이뤄진 사례이므로 크게 주목할 점은 없다.

미국 특허청(USPTO)과 영국 지식재산청(UKIPO)에서는 자연인만이 발명자로 인정된다는 이유로 특허를 불허했고, 이후 미국과 영국의 1심 법원, 항소 법원 및 대법원에서 모두 AI는 발명자가 될 수 없다는 취지의 판결을 내렸다.

우리나라 특허청은 AI는 자연인이 아니므로 발명자가 될 수 없다는 이유로 특허 출원서 보정 요구를 했으나, 보정이 이뤄지지 않아 출원을 무효 처분했고, 이에 불복해 진행된 행정 소송과 그 항소심에서 무효 처분의 효력을 인정했다.

약간 다른 양상으로, 호주에서는 1심 법원이 명시적 규정이 없다는 이유로 AI를 발명자로 인정했으나, 항소 법원에서 자연인만 발명자로 인정해 원심을 파기하고 대법원에서 확정되었다. 독일 연방 특허법원은 자연인만 발명자로 인정하되, 발명자를 기재할 때 AI에 대한 정보를 병기하는 것까지는 허용(예를 들어, "인공지능 다부스가 발명을 하도록 한 스티븐 테일러")한다고 판결했고, 이 판결이 대법원에서 확정되었다.

다부스 사건을 통해 AI는 발명자가 될 수 없다는 원칙이 실무적으로 확인되었으나, AI에게 창작을 지시한 사람(프롬프트를 입력한 사람)이 발명자임이 확인된 것도 아니다. 스티븐 테일러가 처음부터 자신을 발명자로 기재해 특허 출원을 했다면 그가 진정한 발명자인지가 문제 되지는 않았을 것이나, 그것이 정당한지는 의문이다.

관련 학계와 산업계에서는 향후에도 AI를 발명자로 인정하는 것에 부정적인 의견이 다수로 보인다. 이러한 다수 의견은 AI 대신 그 AI에게 창작을 지시한 사람을 발명자로 인정하자는 취지이므로, 다부스 사건에서 스티븐 테일러가 출원서에 자신을 발명자로 기재했으면 특허 등록이 가능하다는 입장으로 해석된다.

AI 발명자 부정론의 근거 검토

위 다수 의견(부정론)의 주요 논거는 첫째, 현 수준에서는 인간의 개입 없이 AI 스스로 발명하는 것이 불가능하다는 것이다. 외부에서는 AI가 창작한 것처럼 보이나 실제로는 인간이 상당한 개입을 한다는 것이다. 그러나 AI 창작 발명에 대한 인간의 개입은 프롬프트를 입력하는 것이다. 이를 인간 사이에서의 일로 바꾸어 말하면 "어떠한 기술을 개발해 달라"는 기술 개발 발주서 작성에 해당한다. 발주서 작성자의 개입에도 불구하고 자연인인 개발자가 스스로 발명을 했다고 할 수 있듯이, 프롬프트 작성자의 개입에도 불구하고 AI는 스스로 발명을 했다고 할 수 있다. 프롬프트 작성자는 발명을 한 사람이 아니고, 그 승계인도 아니다. 「특허법」에서는 그러한 사람을 "무권리자"라고 칭한다(「특허법」 제34조).

둘째로는 AI는 발명의 도구일 뿐이라거나, 사람과 AI의 공동 발명이라 할지라도 사람만을 발명자라고 하면 「특허법」상 보호 공백은 없다는 것이다. 현실적으로 부당한 결론이라고 할 수는 없으나 법 논리상으로는 하자가 있다. 발명을 위해 AI를 이용한 사람을 발명자로 인정한다면 다른 사람의 머리를 이용한 사람 역시 발명자로 인정해야 한다. 발명을 위해 이용하는 것이 자연 지능(타인의 두뇌)이냐 인공지능이냐의 차이가 있을 뿐이기 때문이다. AI에게 발명 지시를 내린 사람을 공동 발명자라고 한다면 다른 사람에게 발명 지시를 내린 사람 역시 공동 발명자라고 해야 한다. 이렇게 되면 발명에 대해 특허를 받을 수 있는 권리의 원시적 귀속에 관한 정착된 원리가 근본적으로 흔들리게 된다. 지금까지의 "무권리자"

들이 정당한 권리를 주장할 수 있게 된다.

셋째로는 지식재산권은 국제 조화가 중요하고, 우리나라 AI 산업 수준을 고려하면 선제적 입법 실익이 크지 않다는 것이다. 이 역시 정책적 당위성을 말하는 것일 뿐 명확한 법 논리로 뒷받침되지는 않는다. AI를 발명자로 인정하지 않는다는 원칙을 유지할 때, 기존의 법체계를 고수한다면 AI가 창작한 발명은 누구도 특허를 받을 수 없다는 결론이 도출되어야 한다. 발명자 또는 승계인이 특허를 받을 수 있기 때문이다. AI에게 발명을 지시한 자를 발명자로 인정하려면, 예외적인 발명자 간주 규정의 입법이 필요하다.

따라서 보다 근본적으로 자본과 시간과 노력이 투입되지 아니한 AI 창작 발명을 특허권으로 보호해 사회적 인센티브를 부여할 필요가 있는지부터 짚어 봐야 한다. 반대의 관점에서는 객관적으로 가치가 높은 발명을 AI 창작 발명이라고 해서 특허권을 부여하지 않는다면 「특허법」의 존재 이유는 무엇인지, 기업이 AI 활용 기술을 비공개로 운영해 사회적 기술 발전이 저해될 가능성은 없는지를 질문할 수 있다. 이에 대해서는 다시 특정인이 AI를 통해 다량으로 창출되는 발명에 대한 특허권을 독점하는 것이 산업 발전의 측면에서 타당한지를 되물을 수 있다. 단순한 문제가 아니며, 법적 · 윤리적 관점에서 균형 잡힌 해결책이 필요하다.

한편, 「저작권법」 영역에는 인공지능은 저작자로 인정하지 않는 대신, 인공지능 생성물을 프롬프트 입력자의 편집 저작물로 보는 견해가 힘을 얻고 있다(Beijing Internet Court, Feilin v. Baidu AI Painting Case, 2019 등). 편집 저작물은 일반 저작물에 비해 현실적으로 약한 저작권을 가지게 됨을 생각해 보면, 발명을 위해 프롬프트를 입력한 자에게 일반 특허권보다 약한 특허권을 부여하는 방안도 생각해 볼 만하다. 또한 사용자인 법인 등은 자연인이 아니면서도 업무상 저작물의 저작자라고 규정해(「저작권법」 제9조), 자연인만이 저작자가 된다는 원칙에 이미 예외를 두고 있다. 마찬가지로 AI 창작 발명에 대한 관점도 더욱 유연해질 필요가 있다.

AI 생성 발명에 관한 새로운 논의

생성형 AI가 스스로 도출하는 아이디어나 기술적 구성이 기존 기술과 실질적으로 구별되는 수준에 도달함에 따라, AI가 도구일 뿐이라는 주장은 설득력을 잃어 갈 것이다. AI의 발명자성을 둘러싼 새로운 논의는 단지 이론적 문제에 그치지 않고, 향후 산업 정책과 국제 통상 전략에까지 깊이 관여하는 중대한 법 제도적 과제로 부상할 수 있다. 지금은 대안을 논의하고 검토할 때다.

현행 법체계 내에서 발명자 간주 방안

우선 현행 법체계에서 "자연인 발명자" 원칙은 유지하되, 일정 요건을 충족하는 인간 사용자를 "명목상 발명자(nominal inventor)"로 간주하는 제도적 장치를 마련하는 방안을 검토할 수 있다. 이 방안은 미국 「특허법」상 발명자 추정(Presumption of Inventorship) 원칙이나, 직무발명 제도에서 직무발명에 대해 특허를 받을 수 있는 권리의 사용자 예약 승계 구조와 유사한 법리적 연속성을 가진다.

예컨대 AI의 작동을 지시하고, 결과물을 수집해 이를 구체화하거나 사업화한 사용자를 발명자로 추정하는 규정을 「특허법」 내에 신설함으로써, 기술 현실과 법 제도의 간극을 완화할 수 있는 것이다. 이는 실무상 발명자 판단의 부담을 줄이고, 책임 소재와 권리 귀속을 명확히 하는 효과를 기대할 수 있다.

AI의 기여도 공개 방안

현재까지 대부분의 AI 생성 발명의 특허 출원 시 AI의 역할을 명확히 밝히지 않아 왔으며, 창작 과정이 불투명한 상태로 명세서가 제출되어 왔다. 이로 인해 발명자성 판단은 물론, 진보성이나 신규성의 평가에서도 심사관의 판단이 어려워진다.

이에 따라, 특허 출원 시 AI의 작동 방식, 사용된 알고리즘의 유형, 학습 방식(지도 · 비지도 · 강화 학습 등), 데이터 구성 및 AI 산출물의 가공 여부를 상세히 명세서에 기재하도록 요구하는 기준이 검토될 수 있다.

미국 특허청도 2020년 'AI 발명에 대한 공공 의견 요청(Request for Comments)'에서 유사한 문제를 제기한 바 있으며, 일본 특허청(JPO)은 이미 '인공지능 활용 발명 심사 사례집'(2021)에서 AI 개입 정도의 기술적 설명 요구를 강조하고 있다.

이러한 절차는 AI의 기술적 기여를 투명하게 기록하고, 인간의 창작 기여를 명확히 파악함으로써, 공동 발명자 인정, 권리 귀속 판단, 명세서 기재 요건 충족 여부 판단이나 진보성 판단의 실무적 기준 설정에도 기여할 수 있다.

AI 생성 발명에 대한 별도의 제도 마련

현행 「특허법」 체계 외부에 "AI 생성 발명"을 위한 별도의 등록제나 공개 제도를 마련하는 방안도 함께 검토할 수 있다. 이는 영국 지식재산청(UK IPO)과 유럽 특허청(EPO) 내 일부 논의에서 제기된 "AI 발명 공공 기록제(Public Record of AI-Generated Inventions)" 또는 "공공 기술 자료집 등록제(Public Technical Disclosure Registry)"와 유사한 개념이다.

이 제도는 AI가 창출한 기술적 결과물에 대한 공개를 유도함으로써 기술 공유와 후속 연구를 장려하면서도, 일정 수준의 권리 보장을 가능케 하는 제도적 절충안이 될 수 있다. AI가 자율적으로 산출한 기술 정보를 등록 또는 공개하도록 해, 그 사용 시점을 기준으로 선사용권을 인정하는 방안, 공개 의무 이행에 따른 일정한 보상 권리를 부여하는 방안 등을 검토해 볼 수 있다.

독점권이 아닌 일정한 법적 지위를 부여함으로써, 혁신의 장려와 기술의 개방 간 균형을 도모할 수 있으며, 특히 공공 기여형 기술(SET, Sustainable and Environmental Technology)이나 표준 기술 기반 AI 기술의 관리에 유용한 수단이 될 수 있다.

위와 같은 논의들은 「특허법」의 근본 구조와 충돌할 수 있는 민감한 쟁점을 포함하고 있으나, AI 기술의 진화 속도와 산업적 파급력을 고려할 때 더 이상 회피할 수 없는 문제다. AI가 수행하는 창작 활동은 종종 인간보다 뛰어난 복잡성과 기술성을 지니며, 이는 오히려 발명에 대한 보호 필요성을 강화하는 요소로 작용할 수 있다. 그럼에도 「특허법」의 "인간의 기술적 창작 보호"라는 전통 개념에 갇혀 기술적 결과물의 법적 지위를 부정한다면, 이는 산업 전반의 기술 투자와 혁신 동력을 약화하는 결과로 이어질 수 있다.

모든 지식재산권이 인간의 창작 보호에 관한 헌법 제22조 제2항에 근거하는 것은 아니다. 상표권은 상표 사용자의 업무상 신용과 수요자의 이익을 보호한다. 「저작권법」 내에 규정된 데이터베이스 제작자의 권리는 데이터베이스 제작을 위한 인적, 물적 투자를 보호한다. 유전 자원(genetic resources)과 전통 지식(traditional knowledge)은 오랜 기간 지역 사회 또는 토착 공동체에 의해 유지 · 활용되어 온 생물 · 문화적 자산으로, 배타적 권리 보호보다는 이익의 공평한 분배를 원칙으로 한다. 따라서 AI 생성 발명에 대해서도 "인간의 창작" 외에 다른 가치를 중심으로 하는 무체 재산권을 검토해 볼 수 있다.

궁극적으로 발명자 개념의 재정의는 단순한 형식의 문제가 아니라, 기술 시대의 지식재산권 패러다임 전환을 의미한다. AI의 역할과 인간의 기여가 혼재된 창작 구조하에서, 우리는 창작 주체에 따라 권리 보호 여부를 나눌 것이 아니라, 기술적 기여의 실질성과 책임 귀속의 합리성에 기반한 다층적 법 구조를 설계할 필요가 있다.

참고문헌

권보원(2022). 인공지능을 발명자로 볼 수 있을까? – DABUS 판결에 부쳐. ≪사법≫, 59.

특허청(2025.1). 인공지능도 발명자가 될 수 있나? … 공은 법원으로 – 인공지능 발명자를 부정한 특허청의 무효처분에 행정소송 제기. 보도자료.

EUIPO & EPO(2022). Study on the impact of artificial intelligence on the intellectual property system.

UK IPO(2021). Artificial Intelligence and Intellectual Property: Copyright and Patents.

05
인공지능 생성 발명의 권리 귀속

법적으로 권리능력이 없는 AI가 창출한 결과물은 누구에게 귀속되어야 하는가. 현행법상 AI 생성 발명에 대한 정당한 권리자를 찾기 어렵다. 이는 기술 통제, 창작 기여, 소유 구조에 따라 AI 생성 발명에 대한 정당한 귀속 관계를 설정할 필요가 있음을 시사한다.

AI와 아이돌?

개발자 vs 운용자 vs 사용자

앞의 논의에도 불구하고, 현재로서는 AI는 독립적인 발명자로 인정될 수 없다는 것이 국제적으로 확립된 원칙이다. 설령 AI의 발명자성을 인정하더라도 권리능력을 인정할지는 또 다른 문제다.

AI가 법인격을 가지지 못하는 한, AI는 원시적으로 특허를 받을 수 있는 권리를 취득할 수 없으므로, 그 권리의 승계 또한 불가능하다. 따라서 AI 생성 발명에 특허권을 부여하는 것이 산업 정책상 타당하다면, AI의 발명자성을 인정할지의 문제와는 별개로 최소한 그 특허권을 누군가에게 귀속하기 위한 근거 조항이 필요하게 된다.

AI 생성 발명에 대해 정당한 권리자임을 주장할 수 있는 후보는 AI 개발자, AI 운용자(AI의 소유자이며, AI 서비스를 제공하는 자, 이하 생략) 및 AI 사용자로 압축된다. 이 중 특허권은 누구에게 귀속하는 것이 정당한가.

고대 로마법에서의 시사점

이 문제는 고대 로마 시대의 노예제 노동과 그 산출물의 귀속 원칙을 AI와 인간의 관계에 투영해 분석할 수 있다. 고대 로마법에서는, 노예는 법적 권리와 의무를 가질 수 없는 존재였다. 노예 노동의 산출물은 주인의 것이었다.

노예가 농경지에서 곡물을 생산하거나, 공방에서 도자기를 만들거나, 심지어 시를 창작하더라도, 그 산출물의 법적 소유권은 주인에게 귀속되었다.

이러한 원칙은 후대의 법체계에서도 일정 부분 영향을 미쳤으며, 현대의 고용 관계(employment law) 및 기업과 직원 간의 발명 귀속 관계(「직무발명법」)에까지 영향을 미쳤다.

이는 법적 권리의 주체가 될 수 없는 존재가 창출한 결과물이 누구에게 귀속되는가에 대한 레퍼런스를 제공한다. 로마법의 원칙은 현대의 AI가 법인격을 가지지 못한 채 창작 활동을 수행한 창작 활동의 결과물이 AI를 소유한 인간이나 기업의 소유로 간주되도록 하는 법적 논리와 연결할 수 있다.

AI의 개발자와 운용자

이 점에서 AI 개발자는 AI 생성 발명에 대한 권리를 주장할 수 있는 근거가 부족하다. AI의 개발 주체와 운용(소유) 주체가 동일할 수는 있으나, 그렇지 않다면 특약이 없는 한 이후 AI로 인한 모든 수익은 운용자에게 귀속되도록 해야 할 것이다. 개발자는 운용자에게 AI의 소유권을 양도한 것으로 이익을 실현했다고 볼 것이고, 이는 특허권, 저작권 등의 지식재산권 양도의 결과와 유사하다. 다만, AI 개발자가 시스템을 완전 양도하지 않고 사용권(license)을 허여한 경우, 라이선스 계약에 따라 AI를 통해 생성된 결과물의 지식재산권에 대한 일부 권리 귀속을 조건화하는 것도 가능하다. 따라서 개발자가 단순 개발자가 아니라 라이선스 제공자인 경우, 그의 권리 범위는 계약 조항의 해석에 따라 달라질 수 있다.

AI의 운용자와 사용자

실질적으로 AI에 프롬프트를 입력해 발명을 지시한 AI 사용자에게는 자신의 권리를 주장할 수 있는 근거가 있다. 다만 사용자가 AI 생성 발명에 권리 주장을 할 수 있으려면, 기술적 기여(technical contribution)가 전제되어야 할 것이다.

프롬프트 입력이 기술적 기여로 인정되기 위해서는, 해당 입력이 단순한 명령 수준을 넘어, AI의 출력 구조, 문제 해결 방식, 적용 기술 분야의 한정 등 발명의 실체 형성에 실질적인 영향을 미쳤음을 증명할 수 있어야 한다.

이때 운용자가 AI 서비스를 제공하는 것은 AI 알고리즘, 모델, 데이터베이스 등에 대한 사용권(license)을 설정하는 것이므로, 장비의 사용 대차(무상으로 빌려 쓰고 반환하는 것)나 임대차(유상으로 빌려 쓰고 반환하는 것)보다는 지식재산권 이용 허락 계약에 가깝다. 그러나 장비의 사용 대차이든, 임대차이든, 지식재산권 이용 허락이든, 그 이용의 결과물에 대한 권리는 그 이용에 대해 정당한 권원을 얻은 자에게 귀속된다. 이에 비추어 보면 AI 생성 발명의 권리는 그 발명의 생성을 직접 지시한 사용자에게 부여되는 것이 정당해 보인다.

AI 서비스를 "파견 근로자의 직무발명" 관점에서 검토해 보더라도, 발명이 이뤄진 시점의 실질적인 업무 지휘 · 감독 관계를 중심으로 직무발명의 귀속 여부를 판단하므로(서울중앙지방법원 2009.11.11. 선고 2009가합72372 판결), AI에게 프롬프트를 입력한 사용자에게 그 발명에 대한 권리가 귀속되도록 하는 것이 타당할 것이다.

물론, AI 운용자는 시스템의 구축과 유지에 드는 상당한 기술적 · 경제적 기여를 하고 있으므로, 발명에 대한 일정한 지분이나 공동 권리자 지위를 부여해야 한다는 의견도 제기될 수 있다. 따라서 명확한 권리관계를 위해 플랫폼 기반 발명의 권리 배분 원칙을 정비할 필요가 있다.

AI 생성 발명의 권리 귀속에 관한 논의

직무발명 제도는 고용 관계에서 종업원이 연구 개발을 통해 발명을 하더라도, 기업이 일정 조건하에 그 권리를 가질 수 있도록 하는 것이다. 종업원의 직무발명에 대해서는 기업이 미리 특허 등을 받을 수 있는 권리나 특허권 등을 승계시키는 계약을 유효하게 체결할 수 있다(「발명진흥법」 제10조 제3항).

이와 유사하게 AI 생성 발명을 'AI 직무발명'으로 규정하고, AI 생성 발명에 기술적 기여를 한 AI 사용자(개인 또는 기업)가 특허를 받을 수 있는 권리를 자동으로 가지도록 하는 방안을 고려할 수 있다. 이 경우 AI 직무발명에 대한 특허를 받을 권리는 원칙적으로 AI 사용자가 가지게 된다.

한편, AI 운용자와 사용자를 공동 권리자로 인정하는 방안도 검토될 수 있다. AI 운용자는 AI의 개발과 관리에 대한 책임을 지며, AI의 알고리즘적 특성과 데이터 학습 과정을 통제할 수 있는 위치에 있다. 반면, 프롬프트를 입력하는 사용자는 AI가 창출할 수 있는 결과물을 조정하고, 특정한 방향성을 설정함으로써 발명의 질과 내용에 실질적으로 기여한다. AI가 창출한 발명에서 인간이 개입한 정도를 고려할 때, AI 운용자는 발명 과정에서 제공한 기술적 환경과 시스템을 근거로, 프롬프트 입력자는 AI의 결과물을 조정하고 창작을 유도한 역할을 근거로 각각 권리를 인정받을 수 있다.

AI 생성 발명에 대한 운용자와 사용자의 기여는 발명자로서의 기여가 아니다. 그러나 이러한 모델은 「특허법」상 기존의 공동 발명 개념을 확장하는 방식으로 정리될 수 있다. 기존의 공동 발명 개념은 두 명 이상의 인간이 발명의 창출 과정에서 협력한 경우에만 적용되지만, AI가 발명을 창작하는 과정에 인간이 창작적 기여를 하지 않았더라도 운용자에게는 인적, 물적 투자에 대한 권리가 인정되고, 사용자에게는 전술한 AI 직무발명에 대한 권리가 인정된다면 공동 권리관계를 인정하는 것이 정당화될 수 있다.

AI 운용자와 사용자가 공동 권리자가 되는 모델은 기존 「특허법」상의 공동 발명자 규정을 직접 적용하는 것이 아니라, 특허권 공유자 간의 권리관계 구조를 유사하게 도입하는 방식이 될 것이다. 이는 실질적으로는 '발명의 창출에는 직접 기여하지 않았지만, 창출 조건을 제공한 자에게 일정한 귀속 권리를 부여하는 제도'라고 할 것이다. 향후 AI 생성 발명이 더욱 다양하게 등장할 것을 고려할 때, 공동 권리 구조를 도입하는 것은 AI 창작물

보호를 위한 현실적이고 유효한 방안이 될 수 있다.

AI 창작권 도입 논의

특허권과는 별도로 "AI 창작권" 개념을 신설하는 방안도 검토해 볼 수 있다. AI 창작권이란 기존 「특허법」의 틀 내에서 해결하기 어려운 AI 창작 발명에 대해 별도의 보호 체계를 마련하는 방식을 의미한다. AI 창작권 개념이 도입된다면, 권리 귀속 문제는 앞서 언급한 소위 "AI 직무발명" 또는 "AI 운용자와 사용자의 공동 권리" 방식으로 풀어 나갈 수 있을 것이다.

AI 창작권은 기존 특허권과는 다른 방식으로 보호될 수 있으며, 그 구체적인 설계 방향을 고민해야 한다. 우선, AI 창작권은 보호 기간과 권리의 범위에서 기존 「특허법」과 차이를 둘 필요가 있다. 일반 특허권의 보호 기간이 출원일 후 20년까지인 반면, AI 창작권은 보다 짧은 보호 기간을 설정하는 방안을 고려할 수 있다. AI는 인간보다 빠르게 대량의 발명을 생성할 수 있으므로, 기존 특허권과 동일한 보호 기간을 적용할 경우 기술 발전과 시장 경쟁을 저해할 우려가 있다. 보호 기간을 10년 내외로 설정한다면, AI 창작물에 대한 적절한 보호를 제공하면서도, 과도한 독점 문제를 방지할 수 있을 것이다.

AI 창작권 제도 운용을 위해서는 등록 및 관리 체계가 정비되어야 한다. AI 창작권에 대해서는 기존 특허 시스템과 동일한 심사기준을 적용하기 어렵기 때문에, 별도의 심사 절차를 거쳐 등록하는 방식을 고려해야 한다. 예를 들어, AI 창작권을 출원할 때 AI의 개입 정도를 명시하도록 하고, 인간 발명과 차별화된 기준을 설정함으로써 AI 창작물이 기존 특허 체계에 미치는 영향을 최소화할 수 있다. 창작 과정에 사용된 AI의 버전, 알고리즘 유형, 학습 범위, 사용자 입력의 유형 및 범위 등을 정형화된 방식으로 기재하게 함으로써, 인간의 창작성과 구분되는 AI 창작권의 독립성을 명확히 할 수 있다.

AI 창작권과 기존 특허가 동일한 발명 내용으로 경합할 경우에는, 우선권, 선출원권, 병합 등록, 또는 선택 등록 제도를 마련해 중복 보호로 인한 법적 충돌을 최소화할 필요가 있다.

AI 창작권 개념이 도입되면, AI 생성 발명의 법적 보호가 보다 명확해지고, 특허 제도의 불확실성을 해소할 수 있을 것이다. 이를 통해, AI를 활용한 연구 개발을 장려하면서도, 기존의 「특허법」 체계와 충돌하지 않는 균형 잡힌 보호 모델을 마련할 수 있을 것이다.

전자적 인격에 관한 논의

지금까지는 AI의 권리능력을 부정함을 전제로, AI 생성 발명에 대한 다양한 귀속 모델을 설명했다. 그러나 AI에게 전자적 법인격을 부여한다면, 이 복잡한 귀속 구조를 단순화할 수 있다는 주장이 있다. AI가 전자 법인으로서 특허권의 주체가 될 수 있기 때문이다.

전자 법인이란, 고도 자율성을 갖춘 디지털 실체(예: 고도 AI 시스템, 자율 로봇 등)에 법인격을 부여해 권리・의무의 주체로 기능하게 하는 개념이다. 이는 법인이 본래 실재하는 존재가 아님에도, 하나의 허구적 주체로서 법적 효과를 갖도록 설계된 것과 유사한 법제적 발상이다. 전자 법인의 도입은 궁극적으로 AI에 의해 발생한 창작물 또는 법률 행위에 대해 명확한 귀속 주체를 설정하고, 책임과 수익을 집중시키려는 목적에서 비롯된다.

이 개념은 2017년 유럽의회 결의안에서 처음으로 공식 제기되었다. 해당 결의안은 "고도 자율성을 지닌 로봇은 전자적 인격을 부여받아야 하며, 이에 상응하는 권리와 의무를 지녀야 한다"는 것이다.

그러나 이후 유럽연합 집행위원회는 이 결의안에 대한 후속 입법을 진행하지 않았고, 오히려 다수 법학자,

기술 전문가, 산업계의 반대에 부딪혀 전자 인격 부여는 과도하며, 법체계를 혼란스럽게 할 가능성이 크다는 결론을 도출하게 되었다. 2023년에 제정된 「EU AI법」(AI Act) 역시 이 개념을 포함하지 않고, AI는 여전히 인간의 통제를 전제로 한 비권리 주체로 간주되고 있다.

전자 법인의 도입을 정당화하기 위해서는 독립적 행위성, 지속성 및 책임 귀속 가능성이 충족되어야 한다. 그러나 현재의 AI 기술은 대부분 인간의 설계, 입력, 피드백, 운영을 전제로 하며, 행위의 독립성과 지속성은 제한적이고, 무엇보다도, 고의 · 과실의 주체가 아니라는 점에서 책임 귀속의 기준이 마련되기 어렵다는 비판이 있다. 따라서 AI에게 직접 법적 인격을 부여하는 것은 법리상 근거가 빈약하고, 기존 체계와 충돌해 혼란만을 가중할 우려가 크다는 것이 학계의 다수 의견이다.

전자 법인의 직접적 도입이 어렵다면, 이를 우회할 수 있는 대안적 제도를 검토할 수 있다. 예컨대, AI 생성 발명의 권리 귀속을 위해 별도의 AI 전담 법인(Proxy Legal Entity)을 설립하고, 이 법인을 통해 권리의 등록 · 소유 · 이용이 이뤄지도록 하는 방식이 제안될 수 있다. 이러한 방식은 책임 귀속과 수익 분배, 기술 통제를 하나의 주체에 집중시킴으로써 제도 운영의 효율성을 높일 수 있다. 그러나 AI의 법인격이 인정되지 않는 이상, 앞서 설명했던 "AI 생성 발명의 권리 귀속" 문제는 궁극적으로 해결되지 않는다.

현재 전자 법인 제도는 수용되고 있지 않지만, 기술 발전과 산업계의 활용성 확장과 함께 전자 법인의 도입을 정당화하기 위한 AI의 독립 행위성과 지속성은 점차 확보되어 갈 것이다. 책임 부담 가능성의 문제는 일반 법인 역시 물리적으로 존재하는 자연인이 아님에도, 고의나 과실의 주체로 법적 책임을 질 수 있다는 점과 대비될 수 있다. 법인이 고의 · 과실의 주체가 될 수 있다는 것은 법인의 '의사 결정'이 자연인의 활동을 통해 구현되며, 그 결과에 따라 법적 평가가 가능하기 때문이다.

반면 AI의 논리 추론 과정은 쉽게 파악할 수 없기 때문에 AI로 인해 불법행위가 유발된 경우, 그 원인 파악은 매우 어려울 수밖에 없다. 그러나 AI의 행위와 이를 제어할 수 있는 자연인 또는 법인 사이의 구조적 연결 고리가 명확하다면, AI의 고의나 과실은 아니더라도, 전자 법인을 통한 책임 집중 또는 무과실 책임 구조 도입도 충분히 고려해 볼 수 있다.

이 경우 타인의 지식재산권을 침해하는 데이터세트를 입력하거나, 침해적 결과를 유도하는 프롬프트를 제공한 사용자의 고의 · 중과실이 입증될 경우, 전자 법인을 통해 외부적 책임을 부과하고, 내부적으로는 전자 법인과 사용자 간의 구상 관계로 책임을 조정할 수 있다는 점에서, 법적 실익은 분명 존재한다.

전자 법인은 단지 AI에게 법적 인격을 부여하자는 급진적 주장에 그치지 않는다. 그것은 AI 기술의 고도화에 따라 새롭게 등장한 책임 · 권리 귀속의 공백을 메우기 위한 법제적 장치로서의 의의를 가진다. 현재로서는 기술적 · 사회적 수용성의 한계로 인해 전자 법인의 전면적 도입은 어렵지만, AI가 실질적인 창작 · 발명의 주체로 기능하게 되는 시대를 맞이해, 법은 이 새로운 존재에 대한 정합적 대응 방식을 고민해야 할 것이다.

전자 법인은 그 논쟁적 성격에도 불구하고, 책임과 권리의 분산을 막고, 제도 운영의 예측 가능성을 제고하기 위한 중요한 법적 장치가 될 수 있다.

참고문헌

김자회 외(2017.8). 지능형 자율로봇에 대한 전자적 인격 부여 - EU 결의안을 중심으로. ≪법조≫, 66(4).

백수원(2019). 전자인간 및 전자인격 인정에 따른 법적 논의와 시사점 고찰. ≪외법논집≫, 43(4).

Abbott, R.(2020). *The reasonable robot: Artificial intelligence and the law.* Cambridge University Press.

Buckland, W. W.(2010). *The roman law of slavery.* Cambridge University Press(1st 1908).

06
인공지능 발명과 특허 요건의 재구성

AI 기술의 특수성을 고려하지 않고 기존의 신규성, 진보성, 명세서 기재 요건에 따라 기계적으로 판단할 경우, 실제로는 보호 가치가 있는 발명이 부정되거나, 반대로 단순 조합에 불과한 기술이 오인되어 등록될 위험이 존재한다. AI 발명의 실체적 기술 기여를 정확히 반영하기 위한 특허 요건의 재구성과 해석 기준의 정비가 요구된다.

AI와 야구?

신규성 판단의 문제

신규성이란, 해당 발명이 출원되기 이전에 동일하게 공지되거나 공연히 실시된 바가 없어야 한다는 요건이다. 단일 선행 기술에 출원 발명이 그대로 명확히 개시되어 있어야만 신규성이 부정된다. 이 요건은 본질적으로 이분법적인 구조를 가지고 있어, 선행 기술과 동일한지를 단순 비교를 통해 판단된다.

한편 생성형 AI와 강화 학습 기반 시스템은 인간의 직관에 의존하지 않고 방대한 선행 기술 데이터를 결합하고 재구성해, 기술적 해결책을 대량 생산해 내는 능력을 갖추었다. 이러한 AI의 작동 특성은 특허 제도에서 '신규성' 판단의 기초가 되는 '기술 사상의 동일성' 개념에 중대한 도전을 던진다.

더욱이, AI는 선행 기술 데이터를 '자기 지도 학습(self-supervised learning)' 방식으로 처리해 문헌에 명시되지 않은 기술적 함의까지도 유추하고, 이를 기반으로 유사 구성을 변형하거나 추론한다. 이처럼 "기술적으로 개시되지 않았지만 의미상 유사하거나 동일한 구성"이 AI에 의해 생성되는 경우, 심사관은 문헌상의 표현이 아니라 그 기술적 실체 전체를 비교해야 하는 부담을 지게 된다.

이러한 현실은 두 가지 문제를 야기한다. 첫째, AI에 의해 생성된 발명이 기존에 명확히 '개시된 바 없는 것'인지 판단하기 위해 심사관은 기존의 문헌을 단일 기준이 아닌 '의미론적 · 기능적 유사성'의 관점에서 분석해야 한다. 둘째, AI 생성 발명에 대해 보호 가능성을 지나치게 협소하게 보거나, 반대로 과대평가하여 특허를 부여하게 될 위험이 있다.

AI에 의한 결합 발명은 기존 발명들과 구성 요소는 유사해 보일 수 있으나, 기술적 목적과 작동 방식, 효과 면에서 실질적으로 이질적인 발명일 수 있다. 반대로, 겉보기에는 새로운 조합처럼 보이지만, AI가 단순히 기존 기술의 재배열만 수행한 경우도 존재한다. 이 두 가지 모두, 왜곡된 신규성 판단 결과를 초래할 수 있는 상황이다.

신규성이 과대평가되는 경우

AI는 수많은 특허 문헌, 논문, 기술 자료 등을 입력받아, 이들 간의 의미론적 유사성, 기능적 상호 보완성, 또는 통계적 상관관계를 분석한 후, 인간이 기존에 결합하지 않았던 기술 요소들을 새로운 방식으로 배열할 수 있다. 이 결과물은 단일한 문헌에는 존재하지 않지만, 기존 기술들의 재구성에 불과할 수도 있다. 문제는, 이렇게 AI가 도출한 기술이 '출원 전의 공지된 기술과 실질적으로 동일한가'를 판단하는 것이, 인간 심사자에게 점점 더 어려운 과제가 되어 가고 있다는 점이다. 이 경우, 심사관이 구성 요소의 배열이나 표현만을 기준으로 판단할 경우, 실제로는 선행 기술의 단순한 재구성임에도 '신규한 발명'으로 오인될 우려가 있다.

공개된 두 기술을 병행 사용하는 것이 주지 · 관용 기술의 영역에 있는 경우임에도, AI가 분석해 도출한 파라미터 구성에 의해 신규성이 인정될 수 있다. AI가 탐색하는 조합이 단순한 '구성의 재배열'인지, 아니면 진정한 기술적 차별성이 있는지를 명확히 구분할 수 있는 기준이 없다면, 특허 심사의 품질과 공정성은 심각하게 훼손될 수 있다.

신규성이 과소평가되는 경우

반대로 실질적으로 기술 사상이 상이한데, 신규성이 없는 것으로 판단될 수 있는 문제도 있다. 즉, AI가 발명한 기술이 외관상 기존 구성과 동일하거나, 유사하지만 실질적으로는 전혀 다른 기술적 사상을 담고 있는 경우에도, 기존의 구성 중심 심사 체계에서는 신규성을 인정받지 못할 수 있다.

발명의 구성 요소는 동일하고 물리적 배치도 유사하지만, 각 구성의 존재 목적과 기능 및 효과는 분명히 다를 수 있다. 그러나 구성 요소의 단순 유무나 배열만을 기준으로 판단하면, 이러한 기술적 의의의 차이를 포착하지 못하고 '신규성이 없다'는 결론을 내릴 수 있다.

신규성 판단 기준의 재정립

AI 시대의 결합 발명은 단순히 구성 요소의 조합을 넘어서, 기술적 의의의 본질에 대한 새로운 해석을 요구한다. 구성 요소의 배치나 외관상의 변화만으로 기술의 동일성 여부를 판단하는 전통적 방식은, AI 생성 발명에 대한 과잉보호 또는 과소 보호라는 이중의 오류를 낳을 수 있다.

AI 발명에 대한 신규성 판단은 외형적 구성의 유사성 여부만으로는 충분치 않다. 해당 구성 요소가 존재하는 기술적 의의는 무엇인지, 그 기술이 어떤 문제를 해결하고자 하는지, 기존 기술과의 구조적 · 기능적 차별성은 어디에 존재하는지 등의 실질적 분석을 통해, AI 결합 발명의 진정한 신규성 여부를 평가해야 한다.

향후 심사기준의 개정과 판례의 축적 과정에서는, AI

가 수행하는 발명의 설계·탐색 방식 자체를 고려해 '기술 사상의 실질'을 중심으로 한 신규성 판단 기준의 재정립이 필요할 것이다.

진보성 판단의 문제

AI는 인간이 직관적으로 떠올리기 어려운 조합이나 설계를 생성할 수 있는 기술적 능력을 보유하고 있으나, 그 생성 방식이 기계적 반복에 기초한 것으로 해석될 경우, 발명의 창작성은 과소평가될 위험이 있다. 나아가 생성형 AI는 기존 데이터를 바탕으로 작동하기 때문에, 그 산출 결과가 외형상 선행 기술과 유사하거나, 공지된 기술의 조합에 불과하다는 이유로 진보성이 부정될 가능성도 배제할 수 없다.

그러나 진보성 판단의 본질은 단지 구성의 신선함에 있는 것이 아니라, 기술적 과제를 해결하는 방식의 비자명성, 곧 기술 사상의 도약에 있다. AI 생성 발명이 그 창작성을 인간과는 다른 경로로 실현했다 하더라도, 기술 발전의 실질에 기여한다면 이는 당연히 특허 제도의 보호 대상이 되어야 한다.

다수의 AI 발명은 공개된 오픈 소스 기반 프레임워크와 공용 데이터세트를 기반으로 하며, 기존 알고리즘이나 모듈의 조합을 통해 구현되는 경우가 많다. 이 경우 단지 구현 수단의 선택만으로 구성된 발명이라면 진보성이 부정될 수 있다. 그러나 AI의 탐색·생성 과정에서 인간이 예측하지 못한 형태의 기술이 유도되었다면, 이는 다른 평가 틀을 요구한다.

예컨대, AI가 자율주행 자동차의 경로 탐색을 위한 알고리즘을 생성했다고 하자. 해당 알고리즘이 기존의 그래프 기반 탐색 알고리즘과 기본 구조는 유사하더라도, 병목현상을 회피하고 연산 자원 소모를 절반 이하로 줄이면서도 안전도를 높이는 효과를 가져왔다면, 이는 단순한 구조적 유사성으로 진보성을 부정할 수 없는 사례다. AI 생성 발명의 진보성 판단은 기존 기술과 구별되는 "문제 해결 방식"과 "기술의 효과"가 중심에 놓여야 한다.

발명의 기능 중심 판단

AI 발명의 핵심은 종종 기계적 조합에 보이는 외형 이면의 비선형적 설계 과정에 있다. 딥 러닝 기반 생성 시스템은 고전적인 연역적 설계가 아닌, 다차원적 가중치와 경사 하강법을 통해 인간이 이해하기 어려운 방식으로 구조를 탐색하고 최적화한다.

이러한 AI의 작동 원리를 감안할 때, AI가 구성해 낸 조성물 발명을 단순히 기존 알고리즘의 응용이나 수치 범위 변경에 불과한 것으로 취급하는 것은 부당하다. 도출된 결과가 예상치 못한 기술적 효과를 유발하거나, 새로운 용도 또는 기능적 전환을 낳는다면, 이는 정성적으로 평가될 필요가 있다.

AI에 질의하는 과정 자체를 기술적 기여의 일부로 간주하는 접근

오늘날 다수의 AI 발명은 인간과 AI가 협업해 도출된다. 즉, 인간이 AI에게 과제를 부여하고, AI가 다양한 결과를 생성하면, 인간은 이를 평가하고 선택·보완해 최종 발명으로 정제하는 과정을 거친다. 그러나 현재 진보성 판단은 '구성의 곤란성'에 기초하기 때문에 인간이 AI의 설계 결과를 단순 선택한 것이라면 창작성은 없다고 판단될 수 있다.

이에 대한 해결책으로는, 발명 과정에서 AI가 수행한 기능, 인간의 기여, 반복된 선택과 평가의 흐름을 종합적으로 기재할 수 있도록 명세서 기재 요건을 유연하게 해석하고, AI에 질의하는 과정 자체를 기술적 기여의 일부로 간주하는 접근이 요구된다.

새로운 해결책을 제시하는 발명의 진보성

생성형 AI가 도출한 발명이 기존 기술의 단순 재구성이 아니라, 인간이 발견하지 못한 해결책을 제시했다면, 그것이 비록 공개된 데이터와 구조를 기반으로 했다 하더라도, 고유한 진보성을 인정받아야 한다.

이는 단지 AI 발명을 우대하기 위한 것이 아니라, 기술적 창작성의 본질을 인간 중심 창작 방식에서 기술 목적 달성 방식으로 이동시키는 구조적 전환이다. 이와 같은 전환은 AI 시대의 기술 창출 메커니즘과 법적 판단 사이의 정합성을 확보하기 위한 필수적인 조건이다.

명세서 기재 요건

특허 제도는 기술을 독점할 수 있는 권리를 부여하는 대신, 그 기술 내용을 공적으로 공개할 것을 요구한다. 이는 「특허법」 제42조 제3항 제1호에 명시된 바와 같이, "그 발명이 속하는 기술 분야에서 통상의 기술자가 쉽게 실시할 수 있도록 명확하고 상세하게" 기재해야 한다는 명세서 기재 요건을 통해 실현된다. 이 조항은 단순한 형식적 요건을 넘어, 특허 제도의 핵심 원칙인 기술 공개와 권리 부여 간의 교환 원리를 구현하는 제도적 장치이기도 하다. AI 관련 발명에서도 그 중요성은 결코 예외가 아니다.

그러나 AI 기술은 전통적인 기계, 화학 분야 등의 기술과는 전혀 다른 구조와 구현 방식을 갖추어, 설명 가능성의 한계를 지닌다. 딥 러닝을 중심으로 발전한 현대 AI 기술은 고차원적, 확률적, 비선형적 구조를 지니며, 작동 원리나 내부 연산 과정을 직관적으로 설명하거나 재현하기 어려운 특징을 가진다. 이러한 기술적 복잡성과 불투명성은 전통적인 명세서 기재 방식에 근본적인 제약을 가한다.

이에 AI 발명을 AI 기초 발명과 AI 생성 발명으로 나누어 그 특성에 따른 명세서 기재 방식의 차별적 접근을 고찰하고자 한다. 이 둘은 창작 구조와 명세서 기재 방식에 있어 본질적인 차이를 보인다.

AI 기초 발명의 명세서

AI 기초 발명은 새로운 신경망 구조, 학습 알고리즘, 최적화 기법 등에 해당한다. 이 경우에는 전통적인 컴퓨터 관련 발명과 유사하게, 알고리즘의 구조와 작동 흐름, 하이퍼파라미터 설정, 학습 방식, 모델의 층 구성 및 연결 방식 등을 구체적으로 기재해야 한다. 특히 기술적 수단과 그로 인해 달성된 효과 사이의 인과관계가 명확히 서

술되어야 하며, 기술적 문제 해결에 실질적으로 기여하는 구성임을 객관적 데이터나 성능 비교 등을 통해 뒷받침하는 것이 중요하다. 기재가 추상적이거나 반복 가능한 수준에 머무를 경우, 명세서 기재 요건 불비로 인해 거절 사유로 작용할 수 있다.

AI 생성 발명의 명세서

반면 AI 생성 발명의 완성 과정은 인간이 과제 상황과 조건을 입력하고, AI가 설계나 구조를 자동 생성하고, 인간은 그것을 평가하고 선택하는 방식의 반복으로 이뤄진다. 이 경우에는 단순히 발명의 구성만을 나열하는 방식으로는 발명의 실체를 충분히 전달하기 어렵다. 따라서 AI 생성 발명의 명세서에는 AI에게 설정된 과제의 내용, 사용된 학습 데이터의 성격, AI의 생성 방식과 반복 조건, 출력된 후보 중 최종 결과를 선택한 기준, 결과물이 유발한 기술적 효과 등의 요소들이 보다 적극적으로 포함되어야 한다.

예컨대 AI가 신약 후보 물질을 생성한 경우라면, 단지 화학 구조를 제시하는 것을 넘어, 어떤 알고리즘이 어떤 조건하에서 해당 구조를 생성하게 되었는지, 입력 데이터의 특징은 무엇이었는지, 후보 물질들 중 어떤 기준에 따라 선택·평가되었는지를 기술해야 한다. 이 과정의 기술은 단지 실시 가능성을 높이는 데 그치지 않고, 발명의 창작성과 비자명성을 심사하는 근거로 기능할 수 있다.

이러한 맥락에서, AI 발명의 명세서 기재 요건은 단순한 '결과의 기술적 설명'에 머무르지 않고, 창작 과정의 설계 및 선택의 흐름을 포함한 전방위적 기재를 지향해야 한다. 특히 AI의 기여와 인간의 기여가 분리된 구조에서는, 창작 주체의 역할 분담을 구체적으로 드러내는 것이 요구된다. 이는 AI가 단지 도구로 사용된 것인지, 아니면 창작의 실질적 주체로 기능한 것인지를 가늠할 수 있는 판단의 근거를 제공하게 된다.

결국 AI 발명의 명세서 기재는 그 특성에 맞는 유연성과 기술적 실질성 사이의 균형을 요한다. AI 자체 발명에서는 기술 구조와 효과의 구체성, AI 생성 발명에서는 창작 과정의 투명성과 평가 기준의 명확성이 핵심이 된다. 이러한 기재의 충실도는 권리 범위의 명확화뿐만 아니라, 후속 기술 개발자의 자유로운 접근을 보장하는 공개의 실효성을 담보하는 역할도 수행한다. 앞으로 AI 관련 발명의 급증이 예견되는 상황에서, 명세서 기재에 관한 체계적 가이드라인 마련과 유형별 차등적 접근은 특허 심사의 예측 가능성과 제도의 정합성을 높이는 중요한 발걸음이 될 것이다.

참고문헌

차상육(2023). 인공지능(AI) 관련 「특허법」상 쟁점에 관한 연구. ≪경북대학교 법학논고≫, 80.

충북대학교 산학협력단(2024). 인공지능(AI)을 이용한 발명의 발명자권 및 특허 요건에 대한 연구.

07
인공지능이 유발한 특허 침해와 법적 책임

AI가 유발하는 특허 침해는 자율성, 불투명성, 분산성을 지닌 기술 특성으로 인해 전통적인 침해 유형과 책임 귀속 구조로는 설명이 어렵다. AI에 의해 유발된 침해 유형을 분류해 책임의 분할 기준과 법 해석 원칙의 재정립 방향을 고찰해야 한다.

AI와 윤동주?

AI 기술에 의한 특허 침해의 유형

AI가 기존 기술을 재구성하거나 모방해 생성한 결과물이 타인의 특허권을 침해하는 경우, 그 침해는 전통적인 방식과 달리 복잡한 경로를 따른다. 특히 AI가 생성한 산출물이 제3자의 특허 청구항 범위에 실질적으로 포섭되는 경우, 사용자는 자신의 행위가 침해에 해당하는지조차 인식하지 못한 채 침해 책임을 부담할 수 있다. AI에 의한 특허 침해는 그 구조적 특성에 따라 다음과 같은 유형으로 분류할 수 있다.

자율 침해

AI가 스스로 기술을 생성하는 과정에서 타인의 특허를 침해하는 경우다. 생성형 AI가 기존 기술을 분석하고, 특정한 입력 조건에 따라 새로운 기술적 설루션을 제안했는데, 이 결과물이 제3자의 특허 발명을 그대로 구현하거나 실질적으로 대응하는 경우가 이에 해당한다. 이 경우 AI의 '자율성'이 침해 책임을 불명확하게 만들며, 책임 귀속의 단서를 인간 행위에서 찾기 어렵다는 점에서 법적 혼란을 야기한다. 민사 책임이 성립하려면 원칙적으로 고의 또는 과실이 요구되나, AI의 자율성이 개입된 경우 '예견 가능성'의 범위가 쟁점이 될 수 있다.

도구적 침해

인간이 AI를 적극적으로 활용해 타인의 특허를 모방하는 경우다. 예를 들어, 특정 특허 발명을 의식적으로 분석하고, 이를 바탕으로 AI에게 유사 기술을 생성하게 한 경우, 이는 의도된 침해로 간주될 가능성이 높다. 이 경우에는 AI는 단순한 실행 도구에 불과하므로 사용자에게 직접적인 책임이 귀속된다.

유도 침해

플랫폼 사업자나 AI 시스템 제공자가 사용자에게 침해 행위를 유도하거나, 침해 가능성을 인지하고도 이를 방치한 경우를 말한다. 예컨대, AI가 생성한 콘텐츠나 기술이 특허를 침해함을 인식한 상태에서 사용자에게 제공되었다면, 이는 플랫폼 제공자의 방조 책임 또는 적극적 유도 책임이 문제 될 수 있다. 이 영역은 '알고 있음(knowledge)'과 '적극적 유도(act of inducement)' 요건의 입증이 관건이 된다. 단 유도 침해는 미국에서 인정되는 침해 유형으로서, 우리나라에서는 인정되지 않는다.

집합적 침해

AI 시스템이 복수의 주체에 의해 분산 운영되는 경우 발생할 수 있다. 이에 대해서는 "한 주체가 다른 주체에게 지시(direct or control)한 경우 또는 두 주체가 공동 기업(joint enterprise) 관계에 있는 경우" 복수 주체에 의한 행위도 단일 주체의 직접 침해로 간주할 수 있다고 판시한 미국 연방순회항소법원 판결을 참고할 수 있다(Akamai v. Limelight, 797 F.3d 1020, Fed. Cir. 2015).

그러나 대부분의 AI 생성 발명은 AI 운용자와 사용자 간에 지시 관계나 공동 기업 관계가 성립하지 않는다. AI 모델의 학습은 한 주체가 담당하고, 출력 결과는 다른 주체가 활용하는 구조에서 전체 시스템이 침해 행위를 구성하는 경우, 전통적인 단일 행위자 중심의 책임론으로는 대응이 어렵다. 이 경우에는 공동 불법행위론 또는 침해 책임의 분할 귀속 방식이 필요할 수 있다.

AI 기술에 의한 특허 침해의 책임 귀속

위와 같은 침해 유형은 단순한 분류를 넘어, 궁극적으로 침해 책임이 누구에게, 어떤 기준으로 귀속되는가라는 문제로 연결된다.

우선, AI 시스템의 개발자, 운용자, 사용자 간에 침해 책임을 어떻게 배분할 것인지를 살펴본다. AI가 자동으로 결과물을 생성했다고 하더라도, 그 학습 구조를 설계하고, 학습 데이터를 선정한 개발자에게는 일정 수준의 예견 가능성과 통제 가능성이 있었기 때문에 책임의 상당 부분이 귀속될 수 있다. 또한, 플랫폼 제공자인 운용자가 침해 가능성을 알고도 방치하거나, 생성 모델의 작동을 지속적으로 유도한 경우에는, 민법상 방조 책임을 질 수 있다(민법 제760조 제3항).

AI 서비스 운용자와 사용자 간의 계약에서 면책 약정이 중요하지만, 그러한 조항에도 불구하고 운용자의 고의 또는 중과실이 입증된다면 민사 책임을 완전히 면할 수는 없다.

이러한 맥락에서 최근 제안되는 기술 통제 기반 책임 구조(technology control-based liability)는 AI 관련 특허 침해 책임을 현실적으로 재구성할 수 있는 유력한 틀이다. 이는 AI의 입력-처리-출력 전 과정 중 어느 단계에서 통제권을 행사했는지에 따라 책임의 범위를 분할하고, 실질적 영향력을 기준으로 법적 책임을 평가하자는 접근이다. AI가 관여한 특허 침해 사건에서는 침해의 의도성이나 인식 가능성보다, 실질적 통제 능력과 시스템 설계상의 책임성이 중심 판단 요소가 되어야 한다는 것이다.

AI 기반 검색 엔진이 특정 의료 기구를 자동 추천하고,

사용자가 이를 신뢰해 제품을 제작했는데, 결과적으로 타인의 특허를 침해한 경우, 그 책임을 단순히 사용자에게만 귀속하는 것은 부당할 수 있다. 이 경우, 검색 알고리즘을 설계하고, 결과 출력을 관리하는 운용자에게도 일정한 법적 책임이 인정되어야 하며, 실제로는 입력 조건, 연산 로직, 출력 제어 구조를 모두 분석해 책임 주체를 결정하는 것이 타당하다.

그러나 이러한 책임 귀속의 명확화를 위해서는 전제가 되는 입증 구조의 현실성이 확보되어야 한다. 오늘날 AI 기반 침해는 대부분 외형적 구현이 보이지 않는 블랙박스 구조를 따르기 때문에, 피해자가 침해 여부를 인지하고 입증하는 것이 극히 어렵다. 피해자와 AI 플랫폼 간의 정보 격차 해소를 위한 입증 책임의 분산 또는 완화가 제도적으로 정비될 필요가 있다.

AI 침해에 대한 법 정책 개선

기존 「특허법」 체계는 자연인을 중심으로 한 행위 책임과 고의 · 과실 개념에 기초하고 있으나, AI 시스템은 자율성, 불투명성, 분산성이라는 특징을 갖고 있어 전통적인 침해 판단 구조와는 잘 들어맞지 않는다. 이에 따라, AI 침해에 대응하기 위해서는 기술적 특성과 법적 책임 구조 간의 정합성을 확보할 수 있는 입법적 · 정책적 개선이 요구된다.

앞서 언급한 기술 통제 기반 책임 구조로 정비하는 것은 기존의 "행위자 중심" 책임론에서 벗어나, AI 기술에 대해 실질적으로 통제 가능성이 있는 주체에게 입증 책임을 전환하는 수단이 된다. 이는 기존의 「제조물 책임법」(product liability)이나 「환경법」에서의 "지배 · 통제 기준(control test)"을 참고해, 기술적 영향력의 정도에 따라 책임을 차등화하는 방식이 될 수 있다.

또한, 현재의 소송 구조에서는 특허권자가 침해를 입증하는 것이 원칙이나, AI의 작동 과정은 외부에서 관찰되기 어렵고, 침해 행위가 자동화된 알고리즘을 통해 이뤄지는 경우가 많다. 이에 3장에서 소개한 바 있는 코드 공개 명령 제도, 디지털 증거 관리 체계 구축, 비교 실험에 기초한 간접 증거 인정 등을 통해 특허권자의 입증 책임을 완화할 수 있다.

이 밖에 플랫폼 사업자인 운용자의 주의 의무 명문화도 중요한 과제다. AI 기술이 SaaS(Software as a Service) 형태로 제공되면서, 운용자와 사용자의 책임 분할이 계약 조항(EULA)만으로 정리되곤 한다. 그러나 AI가 반복적으로 침해 유사 산출물을 생성하고 있음에도 이를 방지하지 않았다면, 이는 침해의 방조 또는 유도에 해당할 수 있으며, 이에 대한 주의 의무 기준을 법령으로 정립할 필요가 있다.

아울러 표준 계약 모델과 보험 제도의 도입이 병행될 수 있다. AI 서비스를 제공하거나 이용하는 주체 간에 침해 분쟁의 사전 대응을 위한 표준 계약안(모범 SaaS 이용 계약서)을 마련하고, AI 침해에 대비한 특허 보험이나 공동 방어 기구(joint defense entity)의 제도화도 고려할 수 있다.

이러한 개선안들은 단순히 권리자의 구제 수단을 강화하는 데 그치지 않고, AI 기술의 책임 구조를 투명하게 만들어 산업 전반의 법적 예측 가능성을 높이고, 기술 혁신과 권리 보호 간의 균형을 달성하는 데 기여할 수 있다.

AI 시대의 「특허법」 해석 원칙과 책임의 재정립

AI 기술이 관여된 특허 침해 문제는 전통적인 「특허법」 상의 원칙과 충돌하는 양상을 띠고 있다. '고의, 과실의 해석', '통상의 기술자 기준', '직접 침해와 간접 침해의 범위' 등은 AI의 비의도성, 자율성, 비결정성이라는 속성과 정합되지 않거나, 그 해석에 실질적인 한계를 노출하고 있다. 이하에서는 AI 시대에 「특허법」이 지향해야 할 해석 원칙의 재정립 방향을 제시하고자 한다.

고의, 과실의 재해석

특허 침해에 대한 손해배상 청구를 위해서는 "고의 또는 과실이 있을 것"이 요구된다. 그러나 AI는 법인격이 없고, 독립된 의사 능력도 없으므로 고의 또는 과실의 주체가 될 수 없다. 그 결과 AI에 의한 특허 침해 사건에서는 '침해를 알고 있었는가' 또는 '침해할 의도가 있었는가'라는 기준을 그대로 적용하는 데 한계가 발생한다.

이에 따라 책임 판단의 기준은 AI 시스템의 개발자, 운용자, 사용자 같은 인간 주체의 예견 가능성과 통제력에 기초해 재구성될 필요가 있다. 특히 AI 시스템이 특허를 침해할 가능성을 인지하고도 방지 조치를 취하지 않았는지, 또는 AI 산출 결과에 대한 사전 · 사후의 관리 체계가 구축되어 있었는지를 중심으로, 행위자의 과실 여부를 객관적으로 판단하는 접근이 요청된다.

이러한 접근은 전통적 의미의 고의 · 과실 책임을 부정하는 것은 아니다. 다만 AI의 비결정적 작동 특성을 반영해 고의의 입증을 요구하기보다, 기술 통제 가능성을 중심으로 과실을 평가하는 확장된 책임 귀속 원칙이라

할 수 있다. 이는 '기술 통제 기반 과실 책임' 또는 '정황 책임 기반 평가 모델'로 이해하는 것이 타당하다.

통상의 기술자 기준의 한계와 보완

AI 발명의 진보성 여부 또는 침해 판단에서 핵심 기준이 되는 '통상의 기술자' 개념은, 발명이 기존 기술 대비 특허로 보호될 만큼 진보적인지 또는 자유 기술 영역에 해당하는지를 판단하기 위한 주체적 기준이다. 그러나 생성형 AI의 작동 방식은 인간 기술자의 직관이나 점진적 사고와는 본질적으로 다른 경로를 따르며, 그 결과물 또한 통상적인 예측 범위를 넘어서게 된다.

특히, 생성형 AI가 활용하는 학습 데이터는 통상의 기술자가 현실적으로 접근할 수 없는 방대한 정보 집합이며, 그 조합 방식은 비선형적이고 확률적이다. 이로 인해 AI가 생성한 발명을 기존 통상의 기술자 기준에 따라 평가하는 경우, 창의성 또는 기술적 기여가 과소평가되거나, 반대로 기술적 실체를 충분히 반영하지 못한 자의적 판단이 이뤄질 수 있다.

물론 통상의 기술자는 현실의 인간을 전제로 하지 않는 법적 허구의 개념이지만, 그 내용은 심사 및 소송 과정에서 기술자의 정보 접근성, 문제 해결 능력, 개발 동기 등을 바탕으로 구체화된다. 따라서 AI 발명에 대해서는 기존의 인간 기술자 중심 기준을 유지하되, AI를 도구로 활용하는 기술자의 숙련도, AI 기여의 비선형적 창의성, 인간의 예측 한계를 넘는 설계 결과 등을 고려한 보완적 해석이 필요하다.

이를 위해 "확장된 기술자" 개념을 도입하거나, AI의 기여 자체를 독립된 기술적 판단 요소로 간주하는 접근이 제안될 수 있다. 이러한 보완은 진보성, 신규성, 침해 여부 판단 모두에서 AI 발명의 실질을 반영하는 보다 정합적인 해석 기준이 될 수 있다.

간접 침해와 공동 침해 판단 기준의 현실화

AI 시스템의 개발자 · 운용자 · 사용자의 각 행위는 상호 연계되어 하나의 기술적 결과를 산출한다. 따라서 단일 행위자에 의한 전통적 침해 구조는 AI 기술 환경에 적합하지 않으며, 실제로는 분산된 행위의 집합이 침해를 구성하는 경우가 빈번하게 발생한다.

그러나 우리나라 「특허법」상 간접 침해는 「특허법」 제127조에 따라 특허 발명을 실시하기 위한 전용품을 정상적 거래 외의 방식으로 제공한 경우로 한정되며, 그 요건이 매우 엄격하게 해석되는 경향이 있다. 또한, 공동 침해에 대해서도 직접 침해 주체의 특정성을 요구하는 해석이 우세해, 복수의 행위자가 분담해 특허의 전 구성을 구현한 경우라도 법적 책임의 연계가 단절되는 문제가 있다.

특히 AI의 알고리즘 설계자, 학습 자료 제공자, 결과 활용 주체가 분리되어 있으나 그 결과물이 특허 발명의 전체 구성 요소를 실현하는 구조라면, 이는 실질적인 공동 행위에 해당함에도, 현행법상 침해 책임의 공백이 발생할 수 있다.

따라서 AI 기술의 분산성과 상호 작용성을 반영한 침해 판단 기준이 요구된다. 구체적으로는, 기술적 상호작용(technical interdependence) 또는 의존적 결과 창출 구조(dependent outcome structure) 같은 개념을 기준으로, 간접 또는 공동 침해 판단의 실질화를 도모해야 한다. 이는 입법적 정비뿐만 아니라 판례 해석의 확장을 통해서도 실현 가능한 방향이며, AI 기술이 만들어 내는 새로운 책임 구조에 대한 법 제도의 적응력을 높이는 데 기여할 수 있다.

기술적 효과와 목적 중심의 해석 전환

AI가 수행하는 기술적 기능은 경우에 따라 기존 기술과 외형상 유사할 수 있으나, 그 작동 방식이나 문제 해결 과정은 본질적으로 다를 수 있다. 특히 AI는 머신 러닝, 데이터 기반 조합, 확률적 탐색 등 인간의 설계 방식과는 근본적으로 다른 경로를 통해 기술을 구현하기 때문에, 단순한 구성 요소의 대응만으로 침해 여부를 판단하는 방식은 기술의 실질을 왜곡할 위험이 크다.

따라서 특허 침해 여부를 판단할 때에는 단순한 형식적 비교를 넘어, 해당 발명이 실현한 기술적 효과와 그 효과가 달성하고자 하는 기술적 목적을 중심으로 실질적 동일성을 평가해야 한다. 이는 균등론 해석에서도 마찬가지로 적용되어야 하며, 특히 AI 기술의 작동 메커니즘과 생성 방식이 반영되지 않는 기계적 판단은 기술의 진보성과 창의성을 적절히 반영하지 못하게 된다.

예컨대, AI가 제안한 설계가 선행 기술과 구성 요소가 유사하더라도, 데이터 기반 예측 알고리즘을 통해 자가 조정 기능을 실현했다면, 이는 기존 기술과 전혀 다른 목적과 효과를 가지는 것이므로 실질적으로 다른 기술로 보아야 한다.

법적 책임의 예측 가능성 확보

AI 기술의 발전과 활용이 가속화되는 오늘날, 그로 인한 특허 침해 또는 법적 분쟁 가능성은 기술 사용자에게 중대한 법적 리스크로 작용하고 있다. 특히 AI가 자율적으로 생성한 결과물에 대해 책임 주체가 불분명한 경우, 운용사나 사용자의 법적 책임 범위를 명확히 예측하기 어렵게 되며, 이는 기술 도입 자체를 위축시키거나, 계약서에 일방적 면책 조항을 포함하는 방식으로 나타나게 된다. 예컨대, AI API 제공 계약에서 "결과물에 대한 법적 책임은 전적으로 사용자에게 있다"는 조항이 빈번히 등장하는 것도 이와 같은 불확실성의 반영이라 할 수 있다.

따라서 AI 기술에 대한 법적 책임 체계는 단순한 법리적 정합성의 문제가 아니라, 기술 활용을 활성화하고 산업적 예측 가능성을 확보하기 위한 필수적인 법 정책적 기반이다. 이를 위해 「특허법」은 AI 기술에 특유한 침해 유형과 책임 귀속 구조를 반영해 점진적으로 정립될 필요가 있다. 특히 반복적으로 발생하는 AI 기반 침해 유형에 대해 판단 기준을 명확히 하거나, 기술 분야별로 특화된 해석 가이드라인을 제시하고, 사전 예방적 책임 분담 구조를 반영한 표준 계약 모델을 마련하는 등의 제도적 대응이 요청된다. 이러한 법적 인프라의 정비는 AI 기술의 신뢰성과 책임성 확보를 통한 지속 가능한 혁신 환경 구축으로 이어질 것이다.

참고문헌

Kim, T. Y.(2022). Artificial intelligence patent infringement: Applying the respondeat superior doctrine. *Federal circuit bar journal*, 31(4).

John Sudeep, T. et al.(2024.4). Abnormal returns to artificial intelligence patent infringement litigations. *Journal of management information systems*.

08
윤리적·정책적 고려 사항

AI 발명이 공공 자원을 기반으로 하면서도 소수에게 독점되는 현실은 기술 불평등을 심화한다. 공공성과 기술 주권의 균형, 국제적 형평성 확보가 AI 특허 제도의 핵심 과제가 되어야 한다.

AI와 한의학?

AI 기술의 전략적 가치

국가 수준의 전략적 측면에서 AI 기술에 대해 강력한 보호가 요구되는 이유는 다음과 같다.

첫째, AI 기술은 파급 효과가 광범위하고, 분야 간 전이 가능성이 높다. 예컨대, 의료 영상 판독을 위한 AI 알고리즘이 군사 정찰 시스템이나 제조업 설비 진단으로 응용될 수 있는 것처럼, 하나의 AI 발명은 산업 전반에 걸쳐 폭넓게 활용될 수 있다. 이때 초기 발명에 대한 권리 보호가 없다면, 후속 응용 기술이 모두 무방비 상태로 경쟁국에 이전되거나, 자국 산업의 기술적 자립 기반이 약화될 수 있다.

둘째, AI 기술은 데이터 의존도가 높고, 이 데이터의 상당 부분은 국가 인프라 및 국민의 활동으로부터 발생한다. AI가 의료, 교통, 통신, 교육, 환경 등 국가 단위의 공공 데이터를 학습해 생성한 발명을 외국 기업이 특허로 선점하는 것은 국가와 국민의 자산 유출에 해당한다. 따라서 자국 내에서 생성된 데이터가 AI 발명의 기초가 되었을 경우, 해당 발명에 대한 일정한 권리 확보는 기술 주권의 정당한 실현이라 할 수 있다.

셋째, AI 기술은 시간이 지날수록 '플랫폼화'되며, 한 번 확보된 기술은 후발 국가의 진입을 구조적으로 봉쇄

하는 경향이 있다. 이는 기존의 제조 기술과 달리, AI의 학습 모델 자체가 자산으로서 축적·성장한다는 특징 때문이다. 이때 초기에 생성된 AI 발명에 대한 특허 보호는 단지 기술 보상 차원을 넘어, 국가의 미래 기술 주권을 선제적으로 확보하는 수단이 된다. 반대로 이러한 기술에 대한 특허의 부재는 자국 기술이 국제 플랫폼에 종속되어 주권을 상실하는 결과로 이어질 수 있다.

AI 발명을 특허 제도 내에 유연하게 포섭하기 위해서는 공공성을 존중하는 범위 내에서 보호 영역을 설정하고, 특정 기술 분야에 대해서는 특허 요건을 완화하거나, 우선심사 제도를 운영하는 방식으로 국가 경쟁력을 강화하는 제도적 설계가 필요하다. AI가 창출한 발명이 자국 공공 데이터 또는 공공 인프라 기반으로 생성된 발명이거나, 국가 안보, 에너지, 보건 등 핵심 산업 분야에 응용 가능한 발명인 경우에는 오히려 더욱 강력한 권리 부여와 보호 장치가 고려될 수도 있다.

AI 발명 보호에서 공공성과 기술 주권은 양립 불가능한 가치가 아니다. 오히려 공공의 데이터와 지식 생태계가 오용되지 않도록 설계하는 동시에, 그 결과물이 기술 자립과 산업 경쟁력 확보의 수단으로 귀속되도록 하는 복합 전략이 요청된다.

AI 생성 발명 특허와 공공성의 균형

위와 같은 AI 기술의 전략적 가치에도 불구하고, AI 기술의 진보는 새로운 윤리적, 정책적 긴장을 동반한다. 특히 AI 생성 발명에 대한 특허 보호가 과연 사회 전체의 이익을 증진하는 수단인지, 아니면 특정 기술 보유자에게 부를 집중시키는 장치로 기능하는지를 되묻지 않을 수 없다.

특허 제도는 창작자의 노력을 보호하고, 기술을 공개함으로써 사회적 기술 축적을 유도한다는 대원칙 아래 작동해 왔다. 그러나 AI 생성 발명으로 이 구조가 흔들린다. 생성형 AI는 방대한 오픈 소스와 공공 데이터를 학습해 결과물을 도출하며, 이는 많은 경우 정부, 학계, 시민단체 등이 제공한 정보 자원을 바탕으로 이뤄진다. 반면, 그 산출물은 자본과 인프라를 갖춘 소수 대기업의 특허로 독점되어, 공공의 지식이 사적 권리로 전환되는 현상이 반복된다.

이는 AI 기술과 특허권이 결합될 때 발생하는 새로운 유형의 경제적 불평등 현상이다. 고성능 컴퓨팅 자원, AI 인프라, 대규모 학습 데이터에 접근할 수 있는 일부 기술기업은 AI 발명을 대량 생산하고, 이를 포괄적 특허 포트폴리오로 귀결시킬 수 있다. 반면, 기술적 접근성이 떨

어지는 개인 개발자나 중소기업은 점점 AI 기반 기술 창출의 경쟁에서 배제되는 상황에 놓인다. 공공 데이터가 발명의 출발점이 되었음에도 결과물은 독점되고, 그 보호가 경쟁 차단 수단으로 전환되는 이중 구조가 심화되는 것이다.

더욱이 이러한 권리의 집중은 단지 재산권의 문제를 넘어서, 기술적 주권과 사회적 정의에 관한 문제로 이어진다. 공공 자원을 기반으로 한 발명에 대해 독점적 권리를 부여하는 것은, 공익과 사익의 형평성을 해칠 수 있다. 의료 · 교육 · 환경 분야의 공공 데이터로부터 유래한 AI 생성 발명이 특정 기업의 특허로 보호될 경우, 그 기술에 대한 사회 전체의 이용 수익이 원천적으로 차단될 수 있다.

이를 해결하기 위한 하나의 현실적 접근은, AI 생성 발명에 대한 보호 범위와 보호 강도의 차등화다. 일반 공공 데이터를 기반으로 생성된 AI 발명에 대해서는 일정한 공개 요건이나 사용 허용 의무를 부과하고, 의료 · 환경 · 교육 분야 기술에 대해서는 공공 우선권(public interest override)을 제도적으로 인정할 수 있다. 이는 공익성이 강한 영역에서 기술 접근성을 보장하는 최소한의 장치로 기능할 수 있다.

또한, 일부 AI 생성 발명에 대해 기존의 독점권 중심의 특허 제도 대신, 등록제 또는 공개제 중심의 보호 방식으로 전환하거나, 비배타적 라이선스 제도 또는 공유 특허(pooling) 시스템을 통해 사회 전체가 기술을 활용할 수 있도록 하는 방식도 고려될 수 있다. 아울러, 특정 조건을 만족하는 AI 생성 발명에 대해는 시민 사회 또는 제3자에 의한 접근권(access rights)을 제도화함으로써, 공공 자산을 기반으로 생성된 기술의 사회적 환류 구조를 마련할 수도 있다.

특허권은 독점 · 배타적 권리이지만, 사회적 계약에 의해 부여되는 권리다. 기술 창출 과정이 공공 자산에 기초한 경우, 이 사회적 계약으로 인정되는 특허권의 윤리적 정당성이 더욱 엄격히 요구되어야 한다.

결국 AI 생성 발명에 대한 특허 보호는 단순한 기술 보호의 문제가 아니라, 누가 기술을 만들고, 누가 그 혜택을 누리는지의 사회적 구조의 문제로 확장된다. 특허 제도는 기술 주도권이 특정 세력에 집중되지 않도록 조정 기능을 수행해야 하며, AI 시대에는 이 역할이 더욱 중요해진다. 따라서 AI 생성 발명에 대한 특허 정책은 기술 창출의 자유와 기술 분배의 공정성이라는 두 축 사이에서 균형을 이룰 수 있도록 정교하게 설계되어야 한다. 그

것이야말로 특허 제도의 본질적 의의를 AI 시대에도 견지하는 길이다.

기술 주권 확보 관점에서의 AI 생성 기술 보호

앞서 논의한 바와 같이, AI 생성 발명에 대한 특허 보호는 공공 데이터의 활용 및 사회적 이익의 분배라는 관점에서 일정한 윤리적 성찰과 제도적 제약이 요구된다. 그러나 동시에, 국가 차원에서는 AI 생성 발명의 전략적 가치를 고려해 기술 주권 확보와 산업 경쟁력 강화를 위한 특허 보호의 필요성이 더욱 부각된다. 즉, AI 생성 발명 보호에는 공공성과 기술 주권이라는 두 축이 병존하며, 이 균형 속에서 어느 한쪽으로 과도하게 기울지 않는 법 정책적 설계가 필요하다.

현대의 AI 생성 발명은 단일한 국가나 연구자의 창출물이 아니다. 생성형 AI는 다국적 클라우드 인프라, 글로벌 오픈 소스 생태계, 국제적으로 수집된 공공 데이터, 다언어 학습 코퍼스 등 복합적인 글로벌 자산에 기반해 작동한다. 다시 말해, AI 생성 발명은 본질적으로 '국경 없는 발명(No-border invention)'이라는 특성을 가지며, 전 세계 수많은 주체가 직·간접적으로 기여한 집합적 산물이라고 할 수 있다.

이와 같은 조건하에서 만일 AI 생성 발명에 대해 아무런 권리가 부여되지 않는다면, 글로벌 시장에서 그 발명을 빠르게 복제하고 활용하는 자에게 기술적 · 경제적 우위가 집중될 수 있다. 이는 오히려 공공성을 이유로 보호를 배제한 결과가 특정 국가나 기업의 기술 종속 또는 '기술 주권 침탈'로 귀결되는 역설적 상황을 낳게 된다. 즉, AI 생성 발명은 공공 자산의 활용을 통해 도출되므로 공적 활용에 대한 제약이 최소화되어야 하는 한편, 그 보호는 철저히 국가적 · 산업적 전략의 일환으로 접근해야 하는 이중적 속성을 가진다.

AI 발명 보호의 국제 규범과 글로벌 형평성

AI 기술은 국가 간 경계를 넘어 전 지구적 데이터와 알고리즘, 인프라를 기반으로 작동하며, 그 발명 역시 글로벌 환경 속에서 창출된다. AI가 생성한 발명은 대부분 글로벌 오픈 데이터, 다국적 플랫폼 기술, 범세계적 클라우드 인프라 등을 이용해 이뤄진다.

그러나 이러한 기술적 무경계성에도 불구하고, AI 발명에 대한 특허 보호 체계는 국가별 제도, 법적 기준, 경제적 역량의 차이에 따라 상이하게 적용되고 있으며, 이로 인해 국제적인 형평성 문제가 점차 부각되고 있다. 특히 선진국과 후발국 간의 기술 주권 확보 능력의 격차, 데이터 접근성의 불균형, 표준 규범의 경쟁은 특허 제도의 국제적 운용에 조화로운 방향 정립을 더욱 어렵게 만들고 있다.

AI 발명의 보호 문제는 이제 개별 국가의 특허 제도 차원을 넘어, 국제 지식재산 질서 전반에 영향을 미치는 구조적 과제가 되었다.

이런 상황에서 어느 한 국가가 자국의 특허 제도만을 근거로 독점적 권리를 주장하는 것은 기술 생성의 공동 기반과 상충할 수 있으며, 기술이 특정 기업이나 국가에 과도하게 집중될 경우 지식의 독점화가 현실화될 수 있다. 이는 AI 기술의 개방성과 확산 가능성을 저해하고, 개발 도상국이나 기술 후발국의 기술 진입 장벽을 강화하는 결과로 이어질 수 있다. 이에 따라, 국제 사회는 AI 발명 보호에 다음과 같은 글로벌 형평성 원칙을 수립할 필요가 있다.

첫째, AI 발명에 대한 국제 규범의 정합성 확보가 중요하다. 현재 지식재산기구(WIPO), 경제협력개발기구(OECD) 등 국제기구는 AI 발명의 특허 요건, 귀속 주체, 데이터 접근권 등에 대한 기준을 마련하기 위해 협의를 진행 중이며, 다양한 입법 시나리오가 제안되고 있다.

그러나 선진국 중심의 규범 설계는 후발국의 기술 주권을 위협할 수 있으며, 개방성과 형평성이 결여된 AI 특허 제도는 오히려 국제 불균형을 제도화하는 효과를 낳을 수 있다.

둘째, AI 기초 발명 중 일정한 조건을 충족하는 기술에 대해 선행 권리자와 후발적 이용자 간의 형평을 조정하는 제도적 장치가 필요하다. 예를 들어, 일정 비율 이상의 학습 데이터를 공개 데이터세트로부터 수집함으로써 생성된 결과물에 대해서는 특허권을 부여하는 대신 일정 기간 공개적 이용을 허용하거나, 공공 목적의 연구에 대한 접근을 보장한 발명에 대해 특허 존속 기간 연장, 출원 수수료 및 등록료 감면, 국제 출원 비용 보조 등 정책적 인센티브를 제공하는 방안이 고려될 수 있다. 이는 기술 선도국에게는 기술의 지속 가능성을 높이는 전략이자, 후발국에게는 오픈 플랫폼 기술을 통해 진입 기회를 제공하는 상호 호혜적 접근이 될 수 있다.

셋째, 국가 간 기술 격차 해소를 위한 협력적 특허 제도 운용이 요구된다. 이는 구속력 있는 조약이나 강제 규정이 아니라, 공공 기술의 공유, 특허풀(Patent Pool), 공동 출원, 공공 우선 사용권과 같은 유연한 법 제도 및 기술 이전 정책으로 실현될 수 있다. 특히 의료, 환경, 교육 등 인류 공동 문제 해결에 필수적인 AI 기술에 대해서는 국제 공동 연구와 공동 소유 모델을 확대함으로써, 글로벌 기술 불균형 해소에 기여토록 해야 한다.

AI 생성 발명의 보호 가치는 단순히 '구성의 곤란성'과 같은 외적 형식만으로 판단되어서는 안 된다. 그 보호 여부는 기술이 사회에 얼마나 기여하는지, 누구에게 혜택이 돌아가는지, 그리고 국가 간 기술 격차를 해소하는 데 어떤 역할을 하는지를 함께 고려해야 한다. 즉, AI 발명에 대한 보호는 개별 권리자의 이익뿐 아니라, 기술이 사회 전체와 국제 공동체에 어떤 구조적 영향을 미치는지를 종합적으로 평가하는 다층적 기준 아래 설계되어야 한다.

AI 시대의 특허 제도는 기술의 국경을 넘어서야 하며, AI 발명의 글로벌 보호 체계는 '공정한 경쟁'과 '공동의 발전'을 동시에 추구할 수 있는 책임 있는 특허 질서로 재편되어야 한다. 그러한 구조 속에서만 AI 기술이 진정으로 인류 전체를 위한 지적 자산이 될 수 있을 것이다.

참고문헌

Chesterman, S.(2022.1). The reasonable robot: Artificial intelligence and the law. *International and Comparative Law*

Quarterly, 71(1).

Johansen, E.(2022). Inventions without inventors: The challenge of applying patent law objectives to AI generated inventions. Lund University, Faculty of Law.

Samore, W. J.(2024.10). WIPO issues a patent landscape Report on generative artificial intelligence. *Licensing journal*, 44(9).

09
인공지능 시대를 위한 특허 제도 개혁의 방향

AI 발명은 기존 특허 제도의 틀을 넘어서는 창작 방식과 기술 구조를 지닌다. 이에 따라 단순한 해석론의 조정만으로는 대응이 어렵다. 「특허법」 내 일부 조항의 개정은 물론, AI 발명을 포섭할 수 있는 별도 법률의 제정, 그리고 정보, 데이터 관련 법, 「저작권법」 등 인접 법령과의 통합적 운용이 필수적이다.

AI와 화장품?

AI 시대의 특허 제도 재설계

AI에 의해 도래한 기술 현실은 기존 특허 제도의 해석 틀을 재검토하게 만든다. AI 발명을 포섭할 수 있는 보다 유연한 제도 설계가 요청되는바, 특허 제도 내에서 개선할 수 있는 부분을 종합 정리하면 다음과 같다.

발명자 개념의 유연화

발명자 개념의 유연화를 주장하는 것은 AI를 곧바로 발명자로 인정하자는 것이 아니다. 다만 「특허법」은 발명자를 '기술 사상의 창작에 실질적으로 기여한 자'로 한정하고 있으며, 단순한 지시자, 보조자, 후원자는 발명자로 인정하지 않는다. 이러한 엄격한 기준을 AI 생성 발명에 그대로 적용하면, AI의 창작 결과물에 인간이 실질적으로 기여하지 않은 경우, 발명자가 존재하지 않는 공백 상태가 발생한다. 현행 「특허법」 체계에서는 발명자 또는 그 승계인만이 특허를 받을 수 있는 권리를 갖기 때문에, 위의 공백은 AI 생성 발명에 대해 누구도 특허를 받을 수 없게 되는 제도적 결함을 초래한다.

이 문제를 해소하기 위해서는, AI 생성 발명에 특화된 '보조 발명자' 개념을 도입하거나, 기여도에 따라 발명자성을 단계적으로 평가할 수 있는 기준을 마련할 수 있다.

직접적으로 기술 사상을 창작하지 않았더라도, AI에게 과제를 설정하고, 학습 알고리즘을 설계하며, 그 결과물을 평가·선택해 해당 창작에 실질적으로 도달할 수 있도록 한 기여자에게 권리를 귀속하는 방안을 마련할 필요가 있다.

발명 개념의 유연화

우리 「특허법」은 발명을 "자연법칙을 이용한 기술적 사상의 창작으로서 고도한 것"으로 정의하고 있으나, 이 정의는 AI가 생성한 기술 결과물에 필연적으로 들어맞지는 않는다.

AI의 발명 과정은 인간 기술자가 문제를 정의하고, 해결 방안을 논리적으로 구성하는 기존 방식과는 다르다. AI는 대규모 데이터와 알고리즘을 바탕으로 비선형적 방식으로 패턴을 탐색하고, 스스로 기술적 해결책을 도출한다. 이 과정에서 AI는 자연법칙을 이용하지 않는다.

또한, AI가 생성한 결과물은 인간의 사유나 의도를 수반하지 않으므로, 전통적인 의미의 '기술적 사상'으로 보기 어려운 경우가 많다.

그러나 중요한 것은 형식이 아니라 실질이다. AI 생성 발명이 재현 가능한 방식으로 문제 해결 수단을 제시하고 그에 따른 기술적 효과를 유발한다면, 특허 보호의 대상에서 배제할 이유는 없다.

신규성과 진보성 요건의 재구성

AI 생성 발명은 기존 기술과 유사하거나 구성 요소가 동일해 보이더라도, 그 생성 과정이나 기술적 효과는 기존 기술과 본질적으로 다른 의미를 지닐 수 있다. 그러나 특허 심사에서는 외형상 유사성 또는 구성의 단순 대응에 초점을 맞추기 때문에, AI가 창출한 기술의 실질적 창의성이 간과되는 사례가 발생할 수 있다. 신규성 판단에서는 구성 요소의 외형적 차이뿐만 아니라, 해당 구성의 기술적 의미와 맥락상의 창의성도 함께 고려되어야 한다.

또한, 진보성 요건에서 중요한 판단 기준인 '통상의 기술자'의 관점은 인간 기술자의 경험과 추론을 기준으로 구성되어 있다. 하지만 AI의 작동 방식은 이와는 전혀 다른 경로를 따른다. AI는 인간의 직관으로는 접근하기 어려운 조합을 생성할 수 있다. 주어진 데이터의 차이일 뿐이더라도 AI 생성물은 통상의 기술자에게 자명하지 않게 여겨질 수 있다. 따라서 AI 생성 발명을 인간 기준의 '예측 가능성' 또는 '통상의 창작 수준'으로 평가할 경우, 진보성 판단은 현실을 반영하지 못하게 된다. 진보성 판단에서는 AI의 탐색 · 설계 과정, 기존 기술과의 비선형 적 연결 방식, 문제 해결의 독창성 등을 종합적으로 평가하는 유연한 해석이 요청된다.

명세서 기재 요건의 탄력적 해석

딥 러닝 기반 AI는 그 구조 자체가 블랙박스에 가까워서 사람의 언어로 작동 원리를 명확하게 기술하기 어렵다. 특히 입력 데이터의 구성, 학습 알고리즘, 파라미터 설정, 출력 결과 사이의 관계가 복잡하게 얽혀 있는 경우, 알고리즘의 흐름이나 데이터의 유형만으로는 발명 내용을 충분히 설명하기 어렵다.

전통적 명세서 기재 요건은 "통상의 기술자가 발명을 쉽게 재현할 수 있을 정도"의 설명을 요구하지만, AI 발명의 경우 이 기준은 기계적으로 적용될 수 없다. AI의 기여를 이해할 수 있는 보완적 설명이 요구되며, 이를 위해 'AI의 학습 방식', '결과물 선택 기준', '인간의 개입 구조' 등을 포함한 창작 전 과정을 기술하도록 명세서의 기재 방향을 유도해야 한다.

AI 생성 발명의 경우에는 모델 구조나 데이터세트를 나열하는 수준을 넘어, 학습 방식, 해결 과제에 대한 접근 방식, 결과물 선택 기준, 인간의 개입 구조 등을 포함한 창작 전반의 과정을 기술해야 발명의 반복 가능성과 기여도가 명확해진다. 특히 질의-응답 방식(prompt-output)의 설계 흐름은 AI 생성 발명에서 핵심적인 창작 절차에 해당하므로, 단순한 생성 결과가 아니라 그 생성 과정을 창작의 일부로 명시하는 것이 바람직하다.

특허 침해 유형의 확대 및 입증 부담 완화

AI의 작동 결과가 타인의 특허를 침해하는 경우, 그 침해가 어떤 주체의 '고의' 또는 '과실'에 기초한 것인지 판단하는 것이 어렵다. 특히 생성형 AI는 자율적으로 결과물을 생성하므로, 사용자나 개발자의 침해 인식을 전제한 고전적 책임론이 적용되기 어려운 경우가 많다. 더불어 AI 시스템은 설계자, 제공자, 사용자 등 다양한 주체가 분산적으로 기능을 수행하기 때문에, 행위의 통일성과 협동성을 전제로 하는 공동 침해 또는 간접 침해 판단에도 구조적 한계가 존재한다.

이러한 문제를 해결하기 위해서는, 전통적 책임 개념을 넘어서는 '기술 통제 기반 책임 구조'의 도입이 필요하다. 즉, AI 시스템을 실질적으로 통제하거나, 침해 가능성을 합리적으로 예견할 수 있었던 주체에게 책임을 부과하는 방식이다. 이는 고의나 과실이 아닌, 통제력과 예견 가능성에 따른 위험 귀속이라는 관점에서 책임을 분배하는 것이며, AI 시대에 적합한 새로운 과실 개념으로 기능할 수 있다.

아울러, AI 침해 사건은 내부 작동이 외형적으로 드러나지 않는 경우가 많아 입증이 매우 어렵다. 이에 따라 코드 제출 명령, 입출력 기반의 비교 실험 등 AI 특화 입증 절차를 도입함으로써, 특허권자의 입증 부담을 완화할 수 있는 제도적 기반 마련이 병행될 필요가 있다.

AI 발명의 권리 귀속 구조 마련

현재 AI 생성 발명에 대해서는 일반적으로 플랫폼의 소유자 또는 프롬프트를 사용자에게 그 권리가 귀속되는 구조가 형성되고 있다. 이는 민법상 소유권 또는 사용 계약에 근거한 자연스러운 흐름이다.

다만 AI가 공공 데이터, 오픈 소스 알고리즘, 제3자의 기술을 활용해 생성한 발명까지도 일방적으로 특정 주체에게 귀속될 경우, 사회 전체의 기술 자산이 사유화되는 구조가 고착될 우려가 있다.

이에 AI 발명에 특화된 전담 법인, 플랫폼 기반의 권리 공유 구조 같은 새로운 권리 귀속 메커니즘을 검토할 필요가 있다. 이러한 구조는 기술 생성과 활용 주체 간의 권리 배분을 투명하고 공정하게 조정할 수 있으며, 특히 다수 이해관계자가 협업하는 개방형 AI 생태계에 적합한 방식이다.

또한, 공공 데이터를 기반으로 한 AI 발명의 경우에는 기존과 동일한 독점적 권리 부여가 정당화되기 어렵다. 이에 대해서는 공유권, 공공 우선권 제도의 도입을 통해, 공공 자산으로부터 파생된 기술 결과물이 사회 전체에 일정 부분 환류되도록 하는 법적 장치가 마련될 필요가 있다.

기술 주권 확보를 위한 제도 정비

AI 발명은 대규모 데이터와 범용 알고리즘을 기반으로 작동하며, 국경을 초월한 기술 생태계 속에서 생성되고 유통된다. 이로 인해 AI 기술은 다국적 기술 의존성을 내포하며, 기술 경쟁력에서 뒤처진 국가는 기술 종속의 위험에 직면할 수 있다.

특히 글로벌 플랫폼 기업들이 AI 기술 인프라, 데이터세트, 연산 자원을 독점하는 가운데, 국내 창출 역량이 부족할 경우, AI 발명의 보호는커녕 지속적 수입과 의존의 악순환이 발생할 수 있다. 이는 단순한 산업 경쟁력의 문제가 아니라, 기술 주권의 위협으로 이어진다.

따라서 일정 범주의 AI 발명에 대해서는 특허 보호를 전략적으로 강화하고, 기업의 창출 능력을 제고할 제도적 인센티브가 필요하다. 우선심사, 절차 간소화, R&D(연구개발) 연계 특허 보조금 등의 정책을 통해 AI 기반 기술의 자립 생태계를 육성해야 한다.

다만 공공 자산을 기반으로 생성된 AI 발명에 대해서는 공개 의무를 부여하거나 공공의 접근권을 보장하되, 국가 전략 기술에 대해서는 적극적인 권리화 정책이 병행되어야 한다. 이는 상충되는 요소가 아니라, 상호 보완적 정책 축으로 통합적으로 설계되어야 할 과제다.

AI에 관한 새로운 입법적 아이디어

「특허법」의 개정만으로는 AI 시대의 새로운 기술적 환경에 적절히 대응하기 어려운 면이 있다. 이하에서는 기존의 「특허법」 체계 바깥에서 AI 발명과 관련된 입법적 아이디어를 소개한다. 이 아이디어들은 앞의 「특허법」 개선 방안들과 발맞추어 제도화를 검토할 수 있다.

AI 발명 등록법

발명자 불명의 AI 생성물도 일정한 형식 요건을 충족할 경우 등록·보호할 수 있도록 하는 별도의 등록 제도를 마련할 수 있다.

이 제도는 기존의 특허권처럼 강한 독점권을 부여하는 대신, AI가 생성한 기술적 결과물을 일정한 정보(예: 생성 메커니즘, 사용 데이터, 출력 방식, 인간의 개입 수준 등)를 포함해 공시·등록하고, 일정 기간 제3자가 해당 기술을 상업적으로 이용하거나 재출원할 경우 이를 통지받을 권리 또는 사용 허락을 요청받을 권리를 등록자에게 부여하는 방식으로 운영될 수 있다. 이는 특허권보다 한정된 권리이지만, AI 발명 보호의 입구로 작용하면서 기술 혁신의 장려와 공공 기여의 투명한 회수라는 목적을 동시에 달성할 수 있다.

또한 이 법은 오픈 데이터·오픈 소스 기반의 AI 발명이 급증하는 상황에서, 실질적 기술 기여를 제도적으로 기록하고, 일정한 법적 보호를 가능하게 하는 장치로도 기능할 수 있다. 이를 통해 발명자 불명의 AI 결과물이라 하더라도 무방비 상태로 방치되지 않고, 기술적 공정성과 사회적 신뢰를 확보할 수 있는 기반이 마련될 수 있다.

AI 투명성과 책임에 관한 법률

AI 발명이 특허권으로 보호되거나, 제3자의 권리를 침해한 혐의를 받는 경우, 어떤 AI가, 어떤 조건하에서, 어떤 방식으로 작동했는지를 확인할 수 있는 법적 장치는 기술 신뢰성과 권리 분쟁 해결의 전제 조건이다.

따라서 AI 기술의 생성 과정과 관련 정보에 대한 공시 · 보존 · 제출 의무를 규정한 「AI 투명성과 책임에 관한 법률」의 제정을 검토할 수 있다. 이 법은 다음과 같은 핵심 의무를 포함할 수 있다.

아래와 같은 의무 사항에 따라 구축된 정보는 AI에 의한 특허 침해나 AI 발명의 진보성 판단의 사전 근거 자료로 활용될 수 있으며, 나아가 AI 발명의 신뢰성과 공공성 판단의 기준으로 작용할 수 있다.

설명 가능성 확보 의무 : AI가 기술 산출물 또는 창작물을 생성한 경우, 해당 과정에 대한 설명 자료(예: 입력 조건, 알고리즘 유형, 출력 선택 기준 등)를 보존하고, 필요한 경우 이를 이해관계자 또는 심사 기관에 제공할 의무를 부과한다.

작동 기록 보존 및 제출 의무 : AI 운용 주체(개발자, 제공자, 사용자 등)는 AI의 작동 이력(학습 로그, 파라미터 설정, 결과 생성 기록 등)을 일정 기간 안전하게 보존해야 하며, 특허 심사나 침해 소송 등에서 이를 법원이나 관계 기관의 명령에 따라 제출해야 한다.

증거 제출의 법적 근거 마련 : 현행 법체계에서 부족한 'AI 코드 제출 명령' 또는 '기술 작동 이력 제출 명령'의 법적 근거를 명확히 해, 권리자 또는 피해자가 기술 침해 여부를 입증할 수 있는 제도적 기반을 제공한다.

공공 정보 · 민감 데이터 활용 시 사전 고지 및 동의 의무 : 공공 자산(예: 정부 데이터, 공공 연구 자료)이나 개인 민감 정보에 기초해 AI가 학습을 수행하는 경우, 이에 대한 공시 및 사전 고지를 의무화하고, 일정 범위의 사전 동의를 요하는 구조를 도입한다.

AI 공공 데이터 활용 및 기술 공유에 관한 법률

AI 발명의 상당수는 오픈 소스 소프트웨어, 공공 데이터 세트, 공유 알고리즘 등 공공 자산을 기반으로 생성된다. 이처럼 사회 전체가 구축한 기술 기반 위에서 민간이 독점적 특허를 취득하는 구조는, 윤리적 · 정책적 문제를 야기하며, 기술 발전의 과실이 누구에게, 어떤 방식으로 귀속되어야 하는지를 묻는 본질적인 질문을 제기한다.

이러한 사각지대를 보완하기 위해, 공공 자산 기반 AI 발명의 공유와 활용을 제도화하는 별도의 입법이 필요하다. 이를 위한 방안으로 「AI 공공 데이터 활용 및 기술 공유에 관한 법률」의 제정을 제안할 수 있다. 이 법에 포함될 수 있는 주요 내용은 다음과 같다.

공공 데이터 기반 AI 발명에 대한 공유권(pooling right) 설정 : 정부 · 공공 기관이 제공한 데이터나 플랫폼을 기반으로 생성된 AI 발명은, 일정 조건하에 공동 활용 시스템에 등록되도록 유도함으로써 기술의 독점화를 방지한다.

공공 우선권(public interest override)의 인정 : 건강, 환경, 교육 등 공공성이 강한 분야의 AI 발명에 대해, 국가 또는 공공 기관이 일정 요건하에 사용권을 행사할 수 있도록 조정 장치를 마련한다.

오픈 플랫폼 기술 공개 시 인센티브 부여 : 비독점적 공개를 선택한 발명에 대해 등록 수수료 면제, 우선심사, 세제 혜택 등을 제공함으로써 자발적 기술 공유를 장려한다.

시민 사회 및 중소기업을 위한 공개 라이선스 제도 구축 : 특정 기술군에 대해 정부 표준 공개 라이선스를 마련하고, 중소기업이나 사회적 기업 등이 자유롭게 활용할 수 있도록 법적 기반을 제공한다.

통합적 입법 가능성

앞서 제안한 「AI 발명 등록법」, 「AI 투명성과 책임에 관한 법률」, 「AI 공공 데이터 활용 및 기술 공유에 관한 법률」은 개별 법률로 독립 제정될 수도 있지만, 상호 연계된 구조로 통합되어 하나의 기본법 모델로 발전할 수도 있다. 2026년 1월부터 「인공지능기본법」이 시행될 예정이나, 특허권, 저작권 등의 지식재산권에 직접 관계된 법은 아니다.

AI 생성 기술 결과물의 등록 및 공시 제도, 발명의 정의 확장 및 발명자 개념의 유연화, AI 발명에 특화된 권리 귀속 구조 설정, 공공 자산 활용에 따른 공개 요건 및 공유 의무, AI 개발자 · 운용자 · 사용자 간 책임 귀속 원칙 설정, 투명성 확보와 작동 이력 보존 의무화, 기술 공유에 대한 인센티브 설계 및 공개 라이선스 구조 구축 등을 포함한 통합 법제가 마련된다면 「특허법」의 '보완'을 넘어서, AI 기술 시대의 새로운 법적 기초 인프라를 구축하는 데 기여하는 법적 플랫폼 역할을 할 수 있을 것이다.

법제 간 통합적 대응과 국제 조화의 방향

AI 기술은 국경을 초월한 데이터의 흐름과 알고리즘 기반의 계산 구조를 토대로 작동하며, 그 결과물은 글로벌 기술 생태계 속에서 창출되고 활용된다. AI 발명의 창출

또한 단일 국가나 특정 지역의 기술력에 기반해 이뤄지는 것이 아니라, 다국적 플랫폼의 연산 인프라, 개방형 알고리즘, 세계 각지에서 축적된 대규모 학습 데이터 등 상호 의존적인 글로벌 기술 네트워크 위에서 생성된다. 따라서 AI 발명의 권리화 및 법적 보호는 더 이상 한 국가의 「특허법」 체계만으로는 포섭할 수 없는 현실을 마주하게 되었다. 이제는 다양한 법제 간의 연계와 조화를 모색하고, 국제적 수준에서 규범의 일관성과 균형을 구축하는 작업이 병행되어야 할 시점이다.

무엇보다도 AI 발명은 지식재산권 법제의 한계를 넘어선다. AI가 발명을 생성하는 과정은 단지 기술적 구성에 국한되지 않고, 방대한 양의 데이터를 수집 · 분석하고, 복잡한 알고리즘을 통해 비선형적으로 결과를 도출하는 일련의 복합적 행위를 포함한다. 이 과정에서 「개인정보보호법」, 「데이터기본법」, 「정보통신망법」, 「플랫폼법」, 「저작권법」, 심지어는 「전자상거래법」까지 교차적으로 적용될 수 있다. 따라서 AI 발명에 대한 권리보호와 침해 판단은 단일 법령의 해석만으로는 해결될 수 없으며, 각기 다른 법 영역의 해석 정합성과 제도적 연계가 전제되어야 한다.

이러한 다층적인 법제의 교차 구조는 입법적 권한의

분산에도 영향을 준다. 「특허법」은 산업통상자원부, 개인정보보호는 개인정보보호위원회, 데이터 관련 법제는 과학기술정보통신부의 관할로 나뉘어 있어, AI 발명에 대한 일관된 정책 방향을 수립하는 데 제도적 어려움이 크다. 이에 따라, AI 기술에 관한 권리 보호, 책임 판단, 공공 데이터의 활용 및 공개 기준 등과 관련해 '범정부적 통합 법제 조정 기구' 또는 상시적 협의체의 구성이 요구된다.

한편, AI 발명의 국제 보호 문제는 이보다 더 복잡하다. AI에 대한 각국의 정책적 태도는 서로 다를 수 있으며, 국가 간 편차 발생 시 동일한 AI 발명이 한 국가에서는 특허를 받을 수 있지만, 다른 국가에서는 발명자 요건 미비로 인해 거절되는 상황이 발생할 수 있다. 따라서 세계 지식재산기구(WIPO)나 세계무역기구(WTO)의 TRIPs(Trade-Related aspects of Intellectual Property Rights, 무역 관련 지식재산권에 관한 협정) 수준에서, AI 발명에 대한 최소한의 공통 원칙을 설정하고, '인간-AI 협업 모델' 또는 '보조 발명자 모델'에 대한 국제적 기준 정립이 필요하다.

이와 더불어, AI 발명 심사에서 IP5 협의체(EPO, USPTO, JPO, CNIPA, KIPO)를 중심으로 한 사례 공유,

공동 가이드라인 개발, 심사 역량 교류 등의 협력 체계를 강화해야 한다. 특히 AI 생성물이 선행 기술로 간주될 수 있는지, 공개된 AI 생성물이 타국 특허 심사에서 어떤 법적 효과를 갖는지에 대해 국제적 해석 통일이 요구된다. 또한, AI 기술이 산업 표준으로 발전한 경우에는, SEP(표준 필수 특허) 및 FRAND(Fair, Reasonable & Non-Discriminatory, 공정하고 합리적이며 비차별적인) 조건 설정과 관련된 라이선스 규범의 조율 또한 필수 과제로 등장한다.

이와 같은 국제적 조화는 단지 법률 조문의 통일을 넘어, 개방성과 보호의 균형을 도모하는 새로운 국제 협력 프레임워크로 나아가야 한다. 특히 후발 국가나 중소기업이 AI 기술을 자유롭게 활용할 수 있도록 하기 위해, 일정한 공개 조건을 충족한 AI 발명에 대해 인센티브를 부여하는 방식을 제도화할 수 있다. 예컨대, 오픈 플랫폼 기술로서 공개 조건을 만족한 발명에 대해 절차 간소화, 수수료 감면, 다국적 보호 신청 시 우선심사 혜택 등을 부여함으로써, 기술 확산과 권리 보호 간의 선순환을 유도할 수 있다.

결국 AI 발명을 둘러싼 법적 대응은 「특허법」의 조문 해석을 넘어서는 거버넌스 전환의 문제다. 국내 법제 간 연계와 통합, 국제 규범과의 정합성, 그리고 기술 개방성과 지식재산 보호의 균형이라는 세 가지 축을 동시에 고려하지 않으면, 특허 제도는 기술 현실을 따라가지 못하는 '낡은 그릇'에 머물 수밖에 없다. 이제는 AI 발명이라는 새로운 창작 질서를 수용할 수 있는 법제적 기틀을 마련하고, 이를 통해 정의롭고 포용적인 기술 생태계를 설계하는 것이 특허 제도의 시대적 사명이 되어야 할 것이다.

참고문헌

차상육(2023). 인공지능(AI) 관련 「특허법」상 쟁점에 관한 연구. ≪경북대학교 법학논고≫, 80.

충북대학교 산학협력단(2024). 인공지능(AI)을 이용한 발명의 발명자권 및 특허 요건에 대한 연구.

Abbott, R.(2020). *The reasonable robot: Artificial intelligence and the law.* Cambridge University Press.

Picht, P. G., et al.(2022). Artificial intelligence and intellectual property law: From diagnosis to action. *Max Planck institute for innovation and competition research paper*, 22-08.

Schuster, W. M.(2019.2). Artificial Intelligence and Patent Ownership. *Washington and lee law review,* 75(4).

10
미래 전망과 제언

AI는 발명의 주체, 과정, 구조, 분포 모두를 변화시키고 있으며, 이에 따른 특허 제도의 대응은 기술 생태계의 방향성과 직결된다. 이에 특허 제도는 기술 주권의 보루이자, 공공성과 창의성 간의 균형추로서 작동해야 한다. AI 시대의 「특허법」은 지식재산의 정의를 넘어, 기술의 정의(正義)를 묻는 윤리적 프레임이 되어야 한다.

종교와 AI?

미래 산업 구조의 진화와 특허 제도

AI 기술은 단순한 산업 자동화를 넘어, 미래 산업의 구조 자체를 근본적으로 재편하고 있다. 생성형 AI는 콘텐츠, 기술 설계, 신약 후보 물질, 로봇 동작 알고리즘까지 인간의 창작 영역 전반을 대체하거나 보완하고 있으며, 그 파급력은 산업별 경계를 허물고 있다. 이러한 기술의 융합적 진화는 개별 산업이 아니라, 다학제적 기술군의 결합체로서의 '산업 생태계' 개념을 중심으로 재구성되고 있다.

양자 컴퓨팅 기술은 AI 연산의 효율성과 예측 가능성을 비약적으로 향상하고 있으며, 사물인터넷(IoT)은 AI의 센싱 및 데이터 수집 기반을 확장한다. 바이오 기술은 AI를 통해 유전체 해석과 치료 알고리즘 설계로 이어지고, 기후 기술이나 에너지 기술 또한 AI에 기반한 모델링과 최적화 기술로 전환되고 있다. 이처럼 AI는 기술 발전의 중심축이자, 다른 기술의 진화를 촉진하는 촉매로 기능하고 있다.

산업 구조의 변화는 「특허법」에도 새로운 역할을 요구한다. 전통적 특허 제도는 발명이라는 고립된 단위에 초점을 맞추어 보호와 권리화를 설계했다. 그러나 미래 산업은 '플랫폼 기술', '지능형 융합 기술', '데이터 기반 창작' 등을 중심으로 작동하기 때문에, 개별 발명이 아닌 시스템 전체, 알고리즘 흐름, 데이터 연계성까지를 고려한 복합적 권리 설계가 필요하다.

무엇보다 중요한 변화는, 미래의 특허 경쟁이 단일 특허를 둘러싼 분쟁 중심에서 벗어나, 특허 포트폴리오, 오픈 이노베이션 네트워크, 표준 필수 특허(SEP) 기반의 협상력으로 전환되고 있다는 점이다. 기술 선진국과 글로벌 플랫폼 기업은 자사의 특허군을 전략적 자산으로 구성하고 있으며, 국가도 기술 주권 확보를 위해 자국 산업계의 특허 선점 구조를 유도하고 있다.

또한, 데이터는 미래의 '기술 원료'이자 '법적 객체'로 자리 잡고 있다. 데이터는 그 자체로 AI 생성 발명에 기술적 기여를 하며, AI가 이 데이터를 통해 생성한 결과물이 특허 보호의 대상이 되기 시작했다. 이에 따라, 데이터의 출처, 품질, 공공성, 법적 사용권 등도 「특허법」 또는 특허법에 인접하는 지식재산권법의 적용 범위에 포함되어야 하며, 이는 새로운 입법과 해석을 요청하는 부분이다.

미래 산업에서는 창의성이 인간의 고유 영역이 아니게 된다. 생성형 AI는 기존 기술 자료를 재구성하거나, 인간의 인지 영역을 넘는 조합을 도출하며, 점점 더 인간이 설명하거나 재현하기 어려운 기술적 산출물을 만들어 낸다. 이때, 「특허법」은 단순히 '인간 중심 창작'이라는 개념을 유지할 수 없게 되며, 창작의 실질적 효과, 기술적 기여, 구현 가능성을 중심으로 보호 범위를 재구성할 수밖에 없다.

결국 미래의 「특허법」은 규범적 해석을 넘어, 기술과 사회가 어떻게 상호 작용할 것인가에 대한 '예측적 법 제도'로 진화해야 한다. 기술의 진보는 불연속적이며, 종종 법보다 앞서 있다. 따라서 「특허법」은 기존 기술을 뒤따라 평가하는 제도가 아니라, 기술 진화의 흐름을 조율하고 조망할 수 있는 구조로 설계되어야 한다. 이는 단지 법의 적응이 아니라, 산업과 사회의 미래를 대비하는 법적 상상력의 과제이기도 하다.

법·기술·사회 공존을 위한 제도 설계

기술이 급속히 발전하는 시대일수록, 과도한 규제는 혁신을 저해하고, 반대로 무제한적 자유는 사회적 신뢰를 무너뜨릴 수 있다. 이러한 이중의 긴장을 조율하기 위해서는 기술의 설계 단계에서부터 법적 · 윤리적 기준을 내재화하는 '법 내장형 기술 설계(Law-Embedded Design)'가 필수적이다. 이는 기술이 사회적 책임성과 법적 투명성을 담보할 수 있도록 구조화되어야 한다는 철학이며, 특히 AI 시스템처럼 그 작동 과정을 외부에서 파악하기 어려운 경우에는 더욱 요구된다. 예컨대, AI가 생성한 발명에 대해 생성 메커니즘을 자동 기록하거나, 데이터 출처와 권리 귀속을 명시적으로 추적할 수 있는 기능이 설계 단계에서부터 구현되어야 한다.

이러한 '법 내장형 기술'은 단지 법 위반을 방지하기 위한 기술이 아니라, 기술 자체가 신뢰 가능한 사회적 행위자로 기능할 수 있도록 하는 규범적 설계다. 특허 제도에서도 이는 매우 유의미하다. 특허는 단순히 발명에 대한 보상이 아니라, 사회에 대한 기술 공개와 공적 환류라는 측면도 함께 가지기 때문이다. 따라서 AI 발명에 대한 권리 부여 역시 그러한 사회적 균형과 정당성을 갖출 수 있도록 조정되어야 한다.

이와 같은 기술과 규범의 통합적 접근은 최근 전 세계적으로 확산되고 있는 ESG 경영(Environmental, Social, Governance)의 패러다임과도 긴밀하게 연결된다. ESG는 기업 경영의 지속 가능성과 사회적 책임을 중심에 두는 가치 체계이며, 기술 개발과 특허 전략에서도 점점 더 중요한 기준이 되고 있다. 이제는 기술의 경제적 효율성만으로 특허의 가치를 평가하는 것이 아니라, 그 기술이 환경에 미치는 영향, 사회적 포용성, 거버넌스 투명성 등을 종합적으로 고려하는 시대다.

AI 발명은 환경 기술, 에너지 최적화, 의료 데이터 분석 등 ESG의 핵심 분야에서 폭넓게 활용되고 있으며, 해당 기술이 특허로 보호될 때, 그 독점적 권리가 과연 공익성과 조화되는지에 대한 기준도 함께 검토되어야 한다. 예를 들어, 특정 기업이 기후 기술에 대한 AI 발명의 특허권을 취득했다면 그 기술이 전 지구적 문제 해결에 기여할 수 있도록 일정한 조건하에 개방되도록 하거나, ESG 평가 지표와 연계된 특허 라이선싱 모델이 도입될 필요가 있다.

특허 제도는 더 이상 기술 보호만을 위한 제도가 아니다. 그것은 기술과 사회의 관계를 어떻게 규범적으로 조율할 것인가에 대한 하나의 '사회 계약'이며, ESG 경영 원칙과 접목될 때, 그 정당성과 지속 가능성은 더욱 확장된다. 정부, 기업, 시민 사회는 이러한 가치 기반의 특허 생태계를 함께 설계해야 하며, 이를 위해 기술에 대한 '사회적 영향 평가(SIA, Social Impact Assessment)' 같은 제도를 도입하는 것도 실효성 있는 대안이 될 수 있다.

정책적으로도, 규제와 촉진의 균형이 관건이다. 법은 기술을 억제하는 수단이 아니라, 기술의 올바른 방향을 제시하고, 그 결과가 사회 전체에 이익으로 환류되도록 하는 설계 장치다. AI 시대의 법 정책은 기술의 가능성과 위험을 동시에 직시하면서, 법 제도와 기술 설계, 산업 전략이 통합적으로 작동하는 다차원적 거버넌스를 지향해야 한다.

결국, 우리는 AI 기술이 단순히 효율을 높이는 기계적 도구가 아니라, 인간과 사회, 환경이 지속 가능하게 공존할 수 있는 방향으로 진화할 수 있도록 제도적으로 안내해야 한다. 특허 제도를 포함한 법제는 그 안내 시스템의 핵심 축이며, 기술의 미래를 단지 보호하는 것이 아니라, 형성해 나가는 적극적 주체가 되어야 한다. 이러한 접근은 마지막으로 논의할 'AI 시대 「특허법」의 규범적 비전과 글로벌 협력 전략'으로 자연스럽게 이어진다.

AI 시대 「특허법」의 규범적 비전과 글로벌 협력 전략

AI가 기술 창출의 주체로 자리 잡아 가는 시대에 「특허법」은 더 이상 '기존 질서의 수호자'에 머물 수 없다. 인간 중심의 창작 패러다임을 전제로 한 전통적 법제는 AI의 등장으로 인해 근본적 재정립을 요구받고 있으며, 특허 제도 역시 단순한 기술 보호를 넘어, 사회적 정당성과 국제적 조화를 동시에 충족해야 하는 규범 체계로 진화해야 한다.

무엇보다 중요한 규범적 비전은 '공정한 기술 분배'에 있다. AI 기술은 특정 집단이나 국가에만 집중될 경우, 새로운 형태의 디지털 불평등과 지식재산 격차를 야기할 수 있다. AI 발명의 특허 보호는 기술적 기여에 대한 정당한 보상이자 혁신 유인의 핵심이지만, 동시에 기술 접근을 제한하고, 경제적 독점을 강화할 수 있는 수단이 되기도 한다. 따라서 AI 시대의 「특허법」은 기술적 창의성과 공공적 가치 간의 균형 위에 설계되어야 하며, 독점과 배제의 논리를 넘어, 지식재산의 포용적 공유와 기술 생태계의 지속 가능성을 고려하는 구조로 재편되어야 한다.

이러한 규범적 전환은 어느 한 국가 차원의 법제 개혁만으로는 한계가 있다. AI 발명은 데이터, 알고리즘, 연산 자원 등 글로벌 차원에서 생성·유통되며, 특허 출원과 보호 또한 다국적·동시다발적으로 이뤄진다. 따라서 국제적 법 조화와 협력이 병행되지 않는 한, 개별 국가의 제도 개편은 오히려 기업 간·국가 간 규범 차이로 인한 분쟁과 혼선을 초래할 수 있다.

이 점에서, 국제기구 차원에서 AI 발명을 둘러싼 법적 개념, 보호 요건, 귀속 원칙 등에 대해 공동 기준을 논의하고, 국가 간 상호 인정 체계를 확립할 필요가 있다. 특히 WIPO가 주도하고 있는 "AI와 IP 정책(AI and IP Dialogues)"은 이러한 국제적 협력의 실질적 기반이 될 수 있으며, 한국 역시 이 논의에 적극적으로 참여해 선도적 입법 모델을 제시할 필요가 있다.

또한, 후발국의 기술 진입 장벽을 낮추기 위한 글로벌 기술 공유 체계의 도입도 필수적이다. 일정한 조건하에 오픈 플랫폼 기술을 등록하고, 비독점적 사용을 허용하는 'FRAND(Fair, Reasonable & Non-Discriminatory, 공정하고 합리적이며 비차별적인)형 공개 특허', '공공 데이터 기반 발명의 접근권 제도' 등은 기술의 사유화와 공공성 간 균형을 유지하는 수단으로 기능할 수 있다. 국제사회는 이와 같은 제도를 유엔 지속 가능 개발 목표(SDGs)와 연계해, 기후, 보건, 교육, 에너지 등 글로벌 공공재 분야에서 적극적으로 활용하도록 유도해야 한다.

한편, AI 발명에 대한 법적 보호는 각국의 '기술 주권'과도 밀접히 연결된다. 다국적 플랫폼 기업이 AI 기술을 독점하게 될 경우, 개별 국가는 자국의 법제 안에서조차 기술에 대한 통제력을 상실할 수 있다. 따라서 각국은 AI

기술의 주요 인프라, 알고리즘 표준, 데이터 규약 등에 대한 일정한 국내적 기준을 마련하고, 특허 및 데이터 관련 법제를 연계해 기술 주권을 확보할 필요가 있다. 다만, 이 과정이 보호주의적 규제로 흐르지 않도록, 국제 공동 표준과 상호 인정의 원칙을 병행적으로 설정하는 것이 바람직하다.

결론적으로, AI 시대의 「특허법」은 더 이상 폐쇄적, 영토적, 일방적 제도로 존속할 수 없다. 그것은 규범적 정당성과 기술적 현실, 그리고 국제적 조화라는 세 축 위에서 조율되어야 하며, 이를 통해 우리는 기술 혁신이 사회 전체에 이익으로 환류되는 포용적 혁신 생태계를 구축할 수 있다. 'AI와 함께 만드는 발명의 미래'는 바로 이와 같은 협력적 법제 설계와 윤리적 규범 위에서 가능해질 것이다.

참고문헌

Blanchard, A. & Taddeo, M.(2023.4). The ethics of artificial intelligence for intelligence analyis: a review of the key challenges with recommendations. *Digital society*, 2.

Drahos, P.(2010). *The global governance of knowledge: Patent offices and their clients*. Cambridge University Press.

Flynn, S.(2020). WIPO conversation on intellectual property(IP) and artificial intelligence(AI). American University Washington College of Law.

Hildebrandt, M.(2020). *Law for computer scientists and other folk.* Oxford University Press.

조성광

지본 특허법률사무소 대표 변리사다. 충남대학교 공학대학원에서 건축구조를 전공해 공학 박사학위를 받았고, 중앙대학교 법학전문대학원에서 지식재산권을 전공해 법학 박사학위를 받았다. 산업재산권 분쟁조정위원, 한국저작권위원회 감정위원, 법원 전문심리위원, 한국무역위원회 자문위원, 신기술/신제품 심사위원, 변리사 시험 및 지식재산능력시험 출제위원 등으로 활동한다. 융복합지식학회 부회장, 대한변리사회 윤리위원 등을 역임했고 현재 한국중재학회 상임이사다. 여러 대학에서 특허법, 상표법, 저작권법, 특허경영실무, 디자인행정론, 주택기술특허특론, 광고 지식재산 경영, 예술과 법 등 지식재산권 각 분야의 과목을 강의했다. 저서로 『CASE 특허법』(2008), 『스마트 앱과 지식재산권』(2013), 『건축과 지식재산권』(2013), 『브랜드네이밍과 상표권』(2014), 『신지식재산법: 퍼블리시티권』(2025) 등이 있다. "외국 중재판정 승인 및 집행의 직권 거부사유에 관한 쟁점 검토"(2023), "A Comparative Review of R.O.K and U.S. Law on Induced Infringement of Therapeutic Method Patents by Legally Manufactured Generic Drugs"(2024), "포스트모더니즘 미술의 저작물성"(2024) 등의 논문 다수를 국내외 등재 학술지에 게재했다.